Carl Wolff

Historischer Atlas

19 Karten zur mittleren und neueren Geschichte

Carl Wolff

Historischer Atlas
19 Karten zur mittleren und neueren Geschichte

ISBN/EAN: 9783743605947

Hergestellt in Europa, USA, Kanada, Australien, Japan

Cover: Foto ©ninafisch / pixelio.de

Weitere Bücher finden Sie auf **www.hansebooks.com**

CARL WOLFF'S

HISTORISCHER ATLAS.

NEUNZEHN KARTEN

ZUR

MITTLEREN UND NEUEREN GESCHICHTE.

INHALT:

Mit erläuterndem Text.

BERLIN, 1877.
VERLAG VON DIETRICH REIMER.

VORWORT.

Als mir vor nunmehr länger als drei Jahren von der Verlagshandlung der Vorschlag zur Bearbeitung dieses Atlasses zur mittleren und neueren Geschichte gemacht wurde, zögerte ich keinen Augenblick, auf das ehrenvolle Anerbieten einzugehen. Erfüllte sich doch auf diese Weise ein von mir lange gehegter Wunsch, für das Studium der wichtigsten Zeit-Abschnitte des Mittelalters und der Neuzeit Karten zu entwerfen, die, ähnlich denjenigen des weitverbreiteten Kiepert-schen Atlas Antiquus, nicht nur dem Unterrichte in den obersten Klassen der höheren Unterrichtsanstalten zu Grunde gelegt werden könnten, sondern deren sich auch der gebildete Laie, ja der Gelehrte vom Fach, mit Nutzen bedienen dürfte. Der Plan der Verlagshandlung, das zukünftige Werk als eine Fortsetzung zu Kiepert's Atlas Antiquus nach Inhalt und Form zu veröffentlichen, kam meinen eigenen Wünschen und Anschauungen entgegen und somit war der Zweck und zum Theil auch die Art und Weise der Durchführung des Werkes vorgezeichnet.

Als Termin für die Vollendung des Werkes war der Herbst des vergangenen Jahres vorgesehen; ich glaubte um so eher bis zu diesem Zeitpunkte die Aufgabe bewältigen zu können, als mir betreffs der territorialen Besitzverhältnisse innerhalb Deutschlands vor der französischen Revolution die Ergebnisse ausgedehnter Studien zu Gebote standen; nichtsdestoweniger hatte ich mich in meiner Berechnung getäuscht. Denn wenn auch die Karten, welche die Besitzverhältnisse der neueren Zeiten zur Darstellung bringen, verhältnissmässig rasch vollendet wurden, so waren doch zur Herstellung derjenigen der früheren Perioden so ausgedehnte und zeitraubende neue Studien erforderlich, dass ich erst jetzt, nach mehr als drei Jahren, der, ich darf es wohl sagen, angestrengtesten Thätigkeit das Werk zu den vorgeschriebenen Grenzen zu Ende zu führen vermochte.

Die Schwierigkeit, die stetig fortschreitende geschichtliche Entwickelung ganzer Staaten und Völker kartographisch zu fixiren, wird sich bei keinem geschichtlichen Atlas ganz überwinden lassen. Das todte Bild vermag zur Anschauung zu bringen, was innerhalb irgend einer Zeitperiode geworden, nicht was wird. Es ist die Aufgabe des lebendigen Wortes hier erklärend beizuspringen und das auf dem Papiere entworfene kartographische Bild zu lebensvollem Effect zu gestalten: das lebendige Wort, sei es des Vortragenden, sei es, wie es uns aus den Werken unserer Geschichtschreiber entgegentönt. Es ist daher bei dem Atlas auch möglichst vermieden worden, durch einzelne kartographische Bilder ganze Zeitabschnitte zur Darstellung zu bringen, ein Verfahren, welches zu noch grösserer innerer Unwahrheit führen müsste, wie sie uns beispielsweise bei Kaulbach's sonst mit Recht so berühmtem Zeitalter der Reformation entgegentritt; denn hier wird ein ganzes Zeitalter, indem der Künstler die

zeitlich sich fremd einander gegenüberstehenden grossen Persönlichkeiten nebeneinander hinstellt, in seinen Wirkungen und treibenden Elementen idealisiert und wenigstens auf diese Weise das Princip der höheren Einheit festgehalten, historische Karten dagegen können nur als der bildliche Ausdruck nackter Wirklichkeit hingestellt werden. Was innerhalb eines Zeitabschnittes, also zeitlich aufeinander folgt, kann eben nicht auf einem und demselben Blatte räumlich nebeneinander zur Darstellung gelangen. Von demselben Gesichtspunkte gieng schon Kruse bei der Bearbeitung seines „Atlas zur Uebersicht der Geschichte aller europäischen Länder und Staaten" aus, und er hat meiner Ansicht nach entschieden den richtigen Weg eingeschlagen. Freilich wäre bei diesem Verfahren genau genommen eine unendliche Reihe von Karten nöthig, um alle Phasen der geschichtlichen Entwickelung zu veranschaulichen; aber indem hier im Gegensatz zu Kruse, der einfach die Schlussjahre der Jahrhunderte für seine kartographischen Darstellungen, ohne Rücksicht auf ihre grössere oder geringere Wichtigkeit eben für das Darzustellende, herausgriff, diejenigen Jahre für die bildliche Veranschaulichung des jeweilig Gewordenen ausgewählt worden sind, die gleichsam als Markjahre, als zeitliche Wendepunkte aus der Reihe der Jahrzehnde und Jahrhunderte hervorragen und von denen aus man gewissermassen wie von einem erhöhten Punkte in die entschwundene Zeit zurückzublicken vermag, so dass einem das Werden und Wachsen der Staaten oder ihr Dahinsiechen und Verschwinden an der Hand des für das bestimmte Endjahr fixierten Bildes klarer vor der Seele steht, hoffe ich es doch erreicht zu haben, dass man in und mit diesen neunzehn Karten einen hinlänglich klaren Einblick in den Gang der äusseren Entwickelung der europäischen Staaten und besonders unseres Vaterlandes erhält. Denn dass auf Deutschland, was die Anzahl der Karten und die Grösse des Maassstabes derselben anbetrifft, am meisten Rücksicht genommen worden ist, nächstdem aber auf Mitteleuropa, d. h. auf diejenigen Länder ausser Deutschland, welche mit unserem Vaterlande in stetiger Berührung gekommen sind, das bedarf wohl im Hinblick auf die oben entwickelten Zwecke des Atlasses keiner Rechtfertigung.

Die grosse Anzahl der benutzten Quellen und Hülfsmittel aufzuzählen würde zu weit führen, ich sehe deswegen davon ab; ich bemerke jedoch, dass die Blätter No. 3 „Mittel-Europa im Jahre 1000" und No. 7 „Mittel-Europa nach seiner kirchlichen Eintheilung um die Mitte des XV. Jahrhunderts" auf Grund der vorzüglichen dahin einschlagenden Arbeiten Böttger's und Menke's bearbeitet worden sind, selbstverständlich mit den nöthigen durch die dargestellten Zeitpunkte bedingten Veränderungen. Letzterem bin ich auch in Bezug auf die Darstellung orientalischer Territorialverhältnisse mehrmals gefolgt; Abweichungen sind aber auch hier vorhanden, wie der Kenner bald herausfinden wird. Dagegen ist das Uebrige, ganz besonders aber das über Frankreich und namentlich Deutschland Gebotene das Ergebniss selbständiger Studien. Blatt No. 13: „das Königreich Polen nebst dem westlichen Russland im Jahre 1772 etc." ist im Wesentlichen meine in etwas grösserem Masstabe im Jahre 1872 bei L. Friedrichsen & Co. in Hamburg erschienene, jedoch mit verschiedenen Zusätzen versehene Karte: „Das ehemalige Königreich Polen nach den Grenzen von 1772 etc." Ebenso ist Blatt No. 14: „Deutschland beim Ausbruch der französischen Revolution im Jahre 1789" im Wesentlichen eine Reduction der von mir im Jahre 1872 in der C. G. Lüderitz'schen Verlagsbuchhandlung in Berlin herausgegebenen grossen Karte: „die mitteleuropäischen Staaten nach ihren geschichtlichen Bestandtheilen des ehemaligen römischdeutschen Kaiserreiches", nur dass bei letzterer noch die farbigen Grenzen der gegenwärtigen Staaten um die ehemaligen heutzutage zu ihnen gehörigen reichsunmittelbaren Theile herumgezogen sind. Betreffs der Orthographie der arabischen und modernen orientalischen Ortsnamen bemerke ich, dass ich dieselbe Kiepert'schen Arbeiten entlehnt habe.

Was die Behandlung des historischen Materials auf den einzelnen Karten selbst angeht, so dürfte dasselbe allerdings wohl häufig zu reichhaltig, zu massenhaft erscheinen. Es ist indessen zu bedenken, dass es das Detail ist, welches das Interesse weckt und strebsame Naturen zum Selbststudium anregt, und es kommt dabei nur darauf an, dass die Durchführung des Ganzen eine solche ist, dass sich das Allgemeine von dem Speciellen, das Hauptsächliche von dem Nebensächlichen wie von selbst abhebt und unmittelbar hervortritt. Um in dieser Hinsicht möglichste Klarheit und Durchsichtigkeit zu erzielen, ist eine strenge Gliederung der Schriftarten in Bezug sowohl auf die politische oder administrative Wichtigkeit der zu bezeichnenden Haupt- und Nebengebiete, als auch der Ortsnamen innegehalten worden. Ich stehe nicht an die Hoffnung auszusprechen, dass diese strenge Sichtung vielleicht nicht als der geringste Vorzug dieses Atlasses angesehen werden wird, denn wer da weiss, wie verhältnissmässig schwer sich selbst ein mit geographischen Karten Vertrauter gerade auf historischen Karten zurechtfindet, die ihm das Verständniss der politischen Zustände von Zeiten erschliessen sollen, innerhalb welcher er nicht lebt, sondern die zum Theil so weit zurückliegen, der wird zugeben müssen, dass es nächst einer klaren und harmonischen Farbenvertheilung hauptsächlich eine scharfe Sonderung der Schriftarten in Bezug auf die verschiedenen Darstellungsobjecte ist, die dem suchenden und auf dem Blatte herumirrenden Auge das Finden so wesentlich erleichtert. Im Uebrigen habe ich bei der Bearbeitung der einzelnen Karten das Hauptgewicht auf die Klarlegung der politischen und territorialen Zustände der für die angegebenen Zeiten darzustellenden Landesgebiete gelegt, während in Bezug auf die Anzahl und Auswahl der Namen, abgesehen von denjenigen der wichtiger gewordenen Ortschaften, die Uebersichtlichkeit der Blätter maassgebend gewesen ist.

In Betreff der Orthographie der Ortsnamen ist nicht blos bei denjenigen der romanischen und germanischen, sondern auch bei denen der östlichen und südöstlichen Völker, die nationale Schreibweise zur Anwendung gelangt. Es handelt sich hier nicht um solche Namen, die sich in ihrer lautlichen Fortbildung den Gesetzen der deutschen Sprache gefügt haben, wie z. B. Mailand, Kopenhagen, Venedig u. s. w., sie sind zu speziell deutschen geworden, haben innerhalb unserer Sprache längst Bürgerrecht erlangt und sind ebenso berechtigt als Formen wie Griechenland, Walachei, Spanien u. s. w., sondern es handelt sich um solche, die wir uns nach ihren heimischen Lauten auszusprechen bemühen, weil wir keine deutschen oder verdeutschten Ausdrücke für sie haben, aber orthographisch dabei häufig in einer Weise verballhornisiren, dass sie schwerlich ein Angehöriger ihres Volkes wiedererkennen würde. Wie würde sich das wohl machen, wenn man Namen wie Bordeaux, Wight, Vicenza u. s. w. auf unseren Karten in der Form von Bordo, Weit, Witschenza wiedergeben wollte! Wäre es einmal gebräuchlich, so wäre ja so wenig dagegen einzuwenden wie gegen die Schreibweise von Halitsch statt Halicz, Mohatsch statt Mohacs, da dies aber nicht der Fall ist, so fordert es die Consequenz, dass man in Bezug auf Orthographie ihrer Eigennamen auch anderen Nationen Gerechtigkeit widerfahren lässt, nicht nur den Franzosen, Engländern und Italienern. Wenn man dem entgegnen wollte, dass die Kenntniss der Sprachen, beispielsweise der der slavischen Völker, bei uns zu wenig verbreitet ist, so ist zu bezweifeln, dass dies mit derjenigen etwa des Portugiesischen mehr der Fall sei, ganz abgesehen davon, dass es von gebildeten oder gar gelehrten Gliedern unseres Volkes, das mit Stolz seine geographische Bildung betont, nicht zu viel verlangt ist, sich die wenigen Regeln der Aussprache der Namen wenigstens unserer benachbarten Kulturvölker anzueignen. Ich stehe freilich nicht an, zu bekennen, dass ich auf Karten eines Schulatlasses für untere und mittlere Klassen vielleicht die mit den entsprechenden deutschen Lauten wiedergegebene Schreibweise magyarischer und slavischer Ortsnamen der einheimischen vorziehen würde, aber dann nicht aus wissenschaftlichen, sondern aus pädagogischen Gründen, die bei einem Handatlas gewiss zurückstehen. Eine auf die nothwendigsten Regeln der Aussprache der fremden Eigennamen bezügliche nach Kiepert zusammengestellte Scala, sowie auch ein Verzeichniss der auf allen oder den meisten Blättern wiederholenden Abkürzungen (die nur einzelnen Karten eigenthümlichen sind auf jeder derselben besonders angegeben) befindet sich hinter dem erklärenden Texte.

Zum Schluss erlaube ich mir noch die ergebenste Bitte auszusprechen, mich mit Namhaftmachung der Quellen auf etwaige Fehler aufmerksam zu machen, an denen es bei einem Werke nicht fehlen wird, das das Ergebniss so minutiöser Studien ist.

Hildesheim, im April 1877.

Dr. Carl Wolff.

ERLÄUTERNDE BEMERKUNGEN.

No. 1.

Europa um das Jahr 500 n. Chr.

Das oströmische Reich im wesentlichen intact, das weströmische in Trümmern: das ist das Ergebniss des Jahrhunderte langen Anstürmens deutscher Völker gegen das römische Reich, welches auf diesem ersten Blatte zur äusseren Darstellung gebracht wird. Auf den Ruinen des abendländischen Reiches haben sich, gewissermassen als Grossmächte der neuen Zeit, die Reiche der Vandalen, der Westgothen, der Franken und der Ostgothen erhoben, neben und zwischen ihnen bestehen als Staaten zweiten Ranges diejenigen der Sueven in Hispanien und der Burgunder in Gallien, während Angeln, Sachsen und Jüten bereits bedeutende Striche von Britannien, so ganz Kent, Northumberland, Sussex und Theile von Essex erobert haben. Bei dem mächtig wirkenden, weil Jahrhunderte lang grossgezogenen und gefestigten Bewusstsein der Zusammengehörigkeit der abendländischen Welt, einem Bewusstsein, welches sich gegen die definitive Zersplitterung des Reiches sträubte, und bei dem Umstande, dass die Hunnen, in ihrer Macht gebrochen und nach Osten zurückgeworfen, bei dem ferneren Wettkampfe nicht mehr mit in Betracht kamen, musste die Herrschaft über das gesammte weströmische Erbe, soweit es nicht später einer fremden, der arabischen Cultur, zum Opfer fiel, demjenigen deutschen Volke zu Theil werden, dem es nicht nur gelang, im Kampfe gegen die übrigen deutschen Völker Herr zu bleiben, sondern das sich auch durch religiöse Gemeinschaft mit den unterworfenen Bevölkerungen zum Erben und Mitträger abendländischer Cultur zu machen wusste: dies Volk waren die Franken.

Die Nebenkarte zeigt nun, wie weit sich im Jahre 752 die Franken bereits diesem Ziele genähert haben. Ihnen sind die Alamannen, die Westgothen, die sie aus Gallien verdrängten, die Thüringer und die Burgunder erlegen. Auch die Baiern haben sich ihrer Oberhoheit unterworfen, so dass vorläufig von den eigentlichen Germanien zurückgebliebenen Völkern nur die Friesen und die Sachsen ihre Freiheit behaupten. Noch gehört fast ganz Italien, das alte Centrum der römischen Welt, dem deutschen Volke der Langobarden, die es in harten Kämpfen den Oströmern entrissen, nachdem erst diese selbst erst in blutigem und langandauerndem Kriege den Ostgothen entwunden. Aber im Gegensatz zu den Franken losgelöst von dem heimischen germanischen Boden, mehr und mehr entfremdet germanischer Sitte und Anschauung, verfallen sie allmählich ganz dem römischen Wesen und sind nicht im Stande, die Träger lebensvoller Verbindung zwischen Römer- und Germanenthum zu sein wie jene, die sich auch äusserlich durch ihren Kampf auf den Gefilden zwischen Tours und Poitiers gegen die Araber, denen Nordafrika und Spanien anheimgefallen, als das Schwert der verjüngten abendländischen Welt, als der Schirm der christlich-germanischen Culturentwicklung, hinzustellen wissen. Der ehemals römische Theil der Insel Britannien ist nun fast ganz von den Sachsen und Angeln erobert und ein kräftiges germanisches Leben sprosst auf demselben empor. Dagegen hat das Germanenthum im Osten des Vaterlandes weite Strecken verloren, hier sind zahlreiche und kräftige Slavenstämme bis zur Elbe, Saale und dem Böhmerwalde, bis in die norischen Alpen und bis zur Küste des adriatischen Meeres vorgedrungen, durchbrochen allerdings durch das Volk der Avaren, der Stammvettern der Hunnen und der späteren Magyaren.

No. 2.

Süd- und West-Europa nach der Theilung des fränkischen Kaiserreiches zu Virodunum im Jahre 843.

Nach der Eroberung des Langobardenreiches in Italien und der Unterwerfung der Sachsen sind mit Ausnahme der Sachsen Britanniens sämmtliche deutsche Stämme unter der Herrschaft Karls des Grossen vereinigt. Es erfolgt die Herstellung des abendländischen Kaiserthums. Aber indem man an das altrömische Reich anzuknüpfen wähnte, schuf man thatsächlich etwas Neues: das grosse Bindemittel zwischen den romanischen und germanischen Bevölkerungen ist nicht mehr der Reichsgedanke, sondern die römische Kirche, als deren Schirmherr der Frankenkönig römischer Kaiser wird. Das Reich Karls des Grossen erstreckt sich bei seinem Tode südlich von Pamplona bis zum Ebro, südlich von Rom bis in die Gegend des Garigliano; das grosse, damals noch nicht zersplitterte langobardische Herzogthum Beneventum steht nur in sehr loser Abhängigkeit. Von slavischen Gebieten gehören in grösserer oder geringerer Abhängigkeit dem Reiche an das Land der Kroaten und der Strich bis zur Mündung der Sau in die Donau, Kärnten, Pannonien, Mähren, welches sich damals viel weiter nach Osten hin erstreckt, Böhmen, die sorbische Mark und die Lande der Wilzen und Abodriten; Eider und Schlei bilden die Grenze im Norden gegen Dänemark. Dieses ungeheure Reich geht nach dem Tode des grossen Kaisers seiner Auflösung entgegen. Die Gascogner in Navarra entziehen sich der fränkischen Oberhoheit, die Balearen fallen den Saracenen anheim und im Osten erobern die Bulgaren das Gebiet zwischen Donau und Sau. Die berühmte Dreitheilung zu Verdun im Jahre 843, nicht hervorgerufen durch nationale Gegensätze, schafft nur zwei lebensfähige staatliche Gebilde, das ostfränkische und das westfränkische Reich; das lotharische Mittelreich, ein geographisches Unding, ist schon in Folge seiner Lage unhaltbar. — Das weite östliche Flachland Europas ist bis auf das Gebiet der östlichen Stämme an der Ostsee von slavischen Völkern besetzt, von denen eine Anzahl der östlicheren der Herrschaft der Chazaren unterworfen sind, zu denen auch das finnisch-tatarische Volk der Magyaren in Atelkuzu in loser Abhängigkeit steht. — Die Herrschaft der Oströmer ist durch die Ausdehnung des bulgarischen Reiches auf der Balkanhalbinsel fast nur auf die Küsten derselben beschränkt, während ihnen Sicilien, seit 827 durch afrikanische Saracenen bedrängt, gleichfalls im Laufe von etwa 25 Jahren verloren geht, so dass sie von italischem Gebiete bald nur noch einige Küstenstriche des Festlandes besitzen. Sáracenisch, und zwar im Besitze von spanischen Arabern befindlich, ist seit 827 auch die Insel Kreta. — Das Königreich Asturien (oder Oviedo) im Norden Spaniens ist seit 711 aus dem Reste der westgothischen Herrschaft und aus verschiedenen dem omajjadischen Emirate von Cordova entrissenen Gebieten erwachsen, es wird, wie auch später die spanische Mark Karls des Grossen, der Grundstock neuer christlicher Reiche auf der pyrenäischen Halbinsel, die aus den Kosten der maurischen Herrschaft allmählich vergrössern. — Auf der skandinavischen Halbinsel bestehen die Reiche Gothland und Schweden noch unabhängig neben einander, der südliche Theil derselben gehört schon damals den Dänen, die ihn Jahrhunderte lang zu behaupten wissen.

Die Nebenkarte zeigt uns eine fernere Zersplitterung der grossen karolingischen Monarchie. Das lotharische

Mittelreich zwischen Ost- und Westfranken ist zwar verschwunden und in seinen nördlicheren Theilen jenem zugefallen, dagegen haben sich zwei selbständige burgundische Reiche gebildet, das cisjuranische und das transjuranische, während sich auch Italien unter einem einheimischen Königsgeschlechte abgesondert und als selbständig hingestellt hat. — Im Osten sind die slavischen Gebiete bis auf Kärnten und das obere Pannonien dem ostfränkischen Reiche verloren gegangen.

No. 3.

Mittel-Europa im Jahre 1000.

Das ostfränkische Reich, beim Tode des letzten Karolingers im Jahre 911 und während der kurzen Herrschaft Konrads I. vollständiger Auflösung verfallen, wird durch das kräftige Geschlecht der sächsischen Herrscher, namentlich durch Heinrich I. und Otto I. zu einem neuen kraftvollen und einheitlichen Ganzen vereinigt. Jener zwingt die in den Wirren der karolingischen Zeiten wiederaufgekommenen herzoglichen Stammesgewalten wieder zum Ganzen und entreisst den Westfranken das zu diesen abgefallene Lothringen, dieser schwächt die herzoglichen Gewalten noch mehr, erobert das Königreich Italien und vereinigt die römische Kaiserkrone Karls des Grossen für immer mit der deutschen Königskrone: Heiliges römisches Reich deutscher Nation. — Unterdessen wird die Reichsgrenze weit nach Osten vorgeschoben, Böhmen und Mähren werden dem Reiche wieder beigefügt und nach Unterwerfung der Abodriten, der Liutizen und der Sorben die Billungsche Mark unter Hermann Billung und die grosse Ostmark unter Gero geschaffen. Letztere zerfällt nach Gero's Tode in mehrere Theile, im Jahre 1000 sind es Nordmark, Ostmark im engeren Sinne und Mark Meissen, alle drei unabhängig von einander und von dem Herzogthum Sachsen. Durch den grossen Slavenaufstand vom Jahre 983 sind indessen die oberelbischen Gegenden der Nordmark und der liutizische Theil der billungschen Mark deutscher Herrschaft einstweilen wieder verloren gegangen.

In Frankreich, zu welchem auch die spanische Mark noch gehört und wo man im Jahre 987 Hugo Capet, Herzog von Franzien, auf den Thron erhoben, stehen die grossen Kronvasallen, besonders die Herzoge von Burgund, Aquitanien und der Normandie (der Lehnshoheit über die Bretagne beansprucht) und die Grafen von Flandern, Vermandois und Toulouse — die sogenannten Pairs — der Krone viel selbständiger gegenüber als in Deutschland.

Das Königreich Burgund, im Jahre 933 aus der Vereinigung des cisjuranischen mit dem transjuranischen Reiche hervorgegangen, aber kraftlos nach Innen und Aussen, giebt bereits dem Verluste seiner Selbständigkeit entgegen, indem es schon im Jahre 1032 nach dem Tode König Rudolfs III. mit Deutschland vereinigt wird.

Von den nicht der karolingischen Monarchie hervorgegangenen Staaten hat sich das Herzogthum Polen durch Vereinigung der lechischen Slavenstämme an Oder und Weichsel gebildet; durch Eroberung der vorher böhmischen Landschaft Chrobatien an der oberen Weichsel und durch Ausdehnung seiner Herrschaft über Pommern gewinnt der junge Staat wesentlich an Macht. Die Anerkennung der Oberhoheit des Kaisers durch den Polenherzog begründete nur eine sehr lose Abhängigkeit vom Reiche. — Ungarn, bereits durch Geisa und seinen Sohn und Nachfolger Waik (Stephan) durch Demüthigung der magyarischen Häuptlinge unter ihre Macht gezwungt, wird im Jahre 1001 zum Königreiche erhoben.

No. 4.

Europa im Jahre 1150.

Auch um die Mitte des zwölften Jahrhunderts tritt uns als Haupt- und Centralmacht Europa's das römisch-deutsche Kaiserreich entgegen. Die Grenzen desselben haben sich seit der Erwerbung des arelatischen Reiches nicht wesentlich verändert, besonders nicht im Westen, wo das im Ganzen ohnmächtige Frankreich noch nicht zu seiner späteren Angriffspolitik übergegangen ist. Im Norden hat allerdings das Reich durch die bekannte Abtretung der Mark Schleswig an Dänemark von Seiten Konrads II. im Jahre 1025 eine Einbusse erlitten, ebenso im Süden, wo nach der Bildung des normannischen Herzogthums Apulien die Markgrafschaft Tuscien und einige andere Landschaften, welche dem Reiche vorübergehend angehört hatten, verloren gegangen sind, dagegen ist im Jahre 1150 bereits der glückliche Anfang gemacht, die Reichsgrenze gegen das Slaventhum wieder weiter nach Osten vorzurücken und schon sind die Gegenden jenseits der niedern und der Mittelelbe den Wenden — diesmal für immer — wieder entrissen.

Nach dem Zerfalle des Khalifates von Cordova, seit 1031, ist es den christlichen Reichen der pyrenäischen Halbinsel geglückt, ihre Herrschaft allmählich immer weiter auf Kosten der unabhängig gewordenen arabischen Theilfürsten auszudehnen. Vergeblich hatten die spanischen Mauren die Almoraviden aus Marokko zu Hülfe gerufen; die Vortheile, welche man mit ihrer Unterstützung errang, waren bald wieder dahingeschwunden. Ihre Nachfolger in der Herrschaft über das westliche Nordafrika und den noch im Besitze der Mohammedaner befindlichen Theil Spaniens sind seit 1146 die Almohaden.

Das oströmische Reich hat zwar durch Eroberung seine Herrschaft über den grössern Theil der Balkanhalbinsel wieder ausgedehnt, dagegen ist es in Kleinasien durch das Vordringen der Seldjuken fast nur noch auf die Küstenlandschaften beschränkt. Die politische Gestaltung Vorderasiens im Jahre 1150 (nach dem zweiten Kreuzzuge) zeigt uns das durch die Eroberungen der Kreuzfahrer gegründete Königreich Jerusalem mit der Grafschaft Tripolis zwar noch intact, dagegen von seinem ehemaligen Vasallenstaaten die Grafschaft Edessa ganz, das Fürstenthum Antiochia zum grössern Theile in den Händen des Atabeken Nureddin, während die kleinere Hälfte mit der Hauptstadt Antiochia, ebenso wie das Fürstenthum Armenien, die oströmische Oberhoheit anerkannt hat.

Von den slavischen Staaten des Ostens erregt besonders Russland durch seine bereits grosse Ausdehnung unsere Aufmerksamkeit; die Republik Nowgorod ist schon damals im Besitze der entfernten Gegenden der jetzigen Archangelschen Statthalterschaft. Freilich entspricht die Macht des Reiches nicht seinem Umfange, da die zahlreichen Theilfürsten durch ihre stetigen Kämpfe gegen die Grossfürsten und gegen einander ihre Kraft aufreiben, so dass es später den vordringenden Tataren leicht wurde, ihre Herrschaft über Russland zu begründen. Ihnen fiel auch das seit der Mitte des 11. Jahrhunderts aus den Trümmern des chazarischen Herrschaft entstandene Reich der agrischen Kumanen oder Polowzer anheim. — Auch das polnische Reich ist um 1150 bereits in eine Anzahl Herzogthümer zerfallen, deren Fürsten so gut wie unabhängig neben einander dastehen.

Von den germanischen Reichen des skandinavischen Nordens sind jetzt — seit 1134 — Gothland und Schweden durch Personalunion verbunden.

No. 5.

Mittel-Europa im Jahre 1250.

Das Jahr 1250, Friedrichs II. Todesjahr, zeigt uns Deutschland bereits in eine grosse Anzahl reichsunmittelbarer Territorien zersplittert. Es ist dies die Folge des Verfalles der Gauverfassung und der Zerschlagung der grossen Herzogthümer. Auch in Schwaben und Franken ist die herzogliche Macht fast bedeutungslos geworden, so dass sie bald darauf mit dem Untergange der Hohenstaufen wie von selbst erlischt. Die Reichsunmittelbarkeit der meisten kleineren aufgekommenen Dynasten wird freilich von den grösseren Reichsfürsten in deren Macht- oder Amtsbereich sie liegen, bestritten, obwohl sie diesen nicht unterworfen, sondern, soweit letztere herzogliche Rechte besitzen, nur untergeordnet sind. Jedoch konnte bei der grossen Unsicherheit der damaligen dahin einschlagenden Verhältnisse auf die behauptete oder wirklich bewusste Lehnsherrlichkeit bei der Wahl der Farben keine Rücksicht genommen werden, so dass auch die kleineren Territorien trotz vielfach unsicherer Reichsunmittelbarkeit ihre eigene Farbe erhalten haben. Es war dies um so mehr angezeigt, als es den grösseren Reichsfürsten zum Theil erst in viel späterer Zeit, in vielen Fällen bis zum Untergang des deutschen Reiches gar nicht gelang, ihre wirkliche oder vermeintliche Lehnsherrschaft über die Gebiete solcher kleinerer Reichsdynasten in Territorialherrschaft umzuwandeln*).

Der Umstand, dass während der Herrschaft der Hohenstaufen und mit ihrem Untergange die Zersplitterung Deutschlands, sein Uebergang aus einem Gesammtreiche in einen zusammengesetzten Staatskörper endgültig entschieden wird, ist um so mehr zu bedauern, als bereits um diese Zeit das benachbarte Frankreich anfängt, aus einer Anzahl einzelner Provinzen und kleinerer Lehnsstaaten zu einem Gesammtstaate überzugehen. Es ist dies die Folge der Demüthigung der grossen Vasallen, besonders der Grafen von Toulouse, deren weite Länderstrecken nach den Albigenserkriegen der Krone anheimfallen, aber des Umstandes, dass auch andere bedeutende Landschaften nach und nach mit der Krone vereinigt und entweder gar nicht wieder oder doch nur an Mitglieder der königlichen Familie als eine Art Ausstattung verliehen werden (Apanagen), so dass sie früher oder später doch wieder an die Krone zurückgelangen. Dieselbe Zersplitterung wie in Deutschland ist auch in den andern Theilen des Reiches eingetreten, in Burgund (und hier noch weit früher) und in Italien. Hier gilt das Patrimonium Petri seit Innocenz III. ab vom Reiche unabhängig, ebenso seit dem Reichstage von Eger im Jahre 1213 die Romagna, die Mark Ancona und das Herzogthum Spoleto; nichts desto weniger wird der souveräne Besitz dieser Landschaften während der Regierung Friedrichs II. dem Papste bestritten und sie sind beim Tode dieses Kaisers grösstentheils in den Händen der Kaiserlichen. Im Nordosten sehen wir im Jahre 1250 das Reichsgebiet gegen das Jahr 1150 ansehnlich erweitert; durch die Eroberungen des deutschen Ritterordens (bis an die Grenzen Samlands und Galindiens bereits um diese Zeit) ist die Reichsgrenze sogar über die untere Weichsel vorgeschoben worden.

No. 6.

Deutschland beim Tode Kaiser Karls IV. im Jahre 1378.

Das Streben der deutschen Kaiser, das kaiserliche Ansehn innerhalb des Reiches durch eine möglichst grosse

---

Hausmacht zu begründen und zu sichern, hat die Ansammlung bedeutender Ländercomplexe in den Händen einzelner Geschlechter innerhalb des Reiches zur Folge. Die Habsburger haben nach der kurzen böhmischen Zwischenherrschaft Otakars die Erbschaft der österreichischen Herzoge aus dem babenbergischen Geschlechte angetreten, aber zu Oesterreich und Steyermark auch Kärnten, Tirol und den Rest von Krain erworben; dazu ist ihnen der obere Elsass und der Breisgau zu Theil geworden und noch besitzen sie in Schwaben und Helvetien, wo der Bund der Eidgenossen sich auszudehnen beginnt, bedeutende Landestheile. —

Auch Kaiser Ludwig IV. (von Baiern) hat es trefflich verstanden, das bairische Hausgut zu mehren, er erwirbt seinem Hause Holland, Seeland, Hennegau, Tirol und die Mark Brandenburg (mit der Lausitz), jedoch gehen Tirol und Brandenburg den Wittelsbachern wieder verloren. — Am grossartigsten aber haben die Luxemburger für ihre Hausmacht gesorgt, besonders Karl IV.; er erwirbt zu Böhmen und Mähren, was schon sein Vater erheirathet, ganz Schlesien, was auf diese Weise mittelbar mit dem deutschen Reiche verknüpft wird*), die Lausitz und das Kurfürstenthum Brandenburg, während im Westen Deutschlands sich die Herzogthümer Luxemburg, Brabant und Limburg im Besitze einer luxemburgischen Nebenlinie befinden. Dazu hat Karl IV. einen Theil der Oberpfalz erworben und zahlreiche Lehnsverbindungen durch das ganze Reich hindurch geknüpft, so dass es fast schien, als ob durch allmähliges Aufsaugen der übrigen Reichsländer von Seiten Böhmens die Einheit Deutschlands begründet werden sollte. Hat sich durch die Erwerbung Schlesiens durch Böhmen und des Landes jenseits der Oder durch Brandenburg, beider auf Kosten Polens, das Reichsgebiet nach Osten hin vergrössert, so gehen im Südwesten durch die allmähliche Zerbröckelung des arelatischen Reiches grössere Gebiete (Lyon, Dauphiné und andere) an das erstarkende Frankreich verloren, während zu Venedig bereits begonnen hat, seine Herrschaft auf Kosten des Reiches nach dem oberitalienischen Festlande hin auszudehnen.

Zum erstenmal tritt auf dieser Karte die grosse Ausdehnung der geistlichen Territorien voll hervor; von denselben sind übrigens auch die Bisthümer Kammin in Pommern und Brandenburg, Havelberg und Lebus in der Mark Brandenburg mit der das geistliche Gebiet bezeichnenden Farbe bedacht worden, obwohl dieselben niemals zur Reichsunmittelbarkeit gelangt sind, sondern stets als Landstifter angesehen wurden; ähnlich verhielt es sich mit den Bisthümern Meissen, Merseburg und Naumburg.

Die beiden Reiche Polen und Ungarn sind von 1370 bis 1382 unter Ludwig dem Grossen durch Personalunion verknüpft und daher hier beide mit derselben Farbe umzogen worden.

No. 7.

Mittel-Europa nach seiner kirchlichen Eintheilung um die Mitte des XV. Jahrhunderts.

Die kirchliche Eintheilung Mittel-Europa's, wie sie auf diesem Blatte zur Darstellung gelangt ist, ist im ganzen und grossen diejenige des späteren Mittelalters, namentlich was Deutschland und die östlichen Lande anbetrifft, dann aber mit wenigen Abänderungen bis zur grossen Kirchenspaltung des XVI. Jahrhunderts bestehen geblieben ist. Bemerkenswerth ist, dass die kirchlichen Grenzen mit den politischen der grossen Staaten nicht durchweg zusammenfallen, eine Folge einestheils des Umstandes, dass man bereits bei den Theilungen der fränkischen Periode kirchliche Provinzen auseinandergerissen, so unter anderen

---

*) Der Besitzstand der im Jahre 1247 ausgestorbenen Landgrafen von Thüringen ist auf dieser Karte noch ungetheilt dargestellt, da die endgültige Auseinandersetzung zwischen Meissen und Brabant (Hessen) erst 1263 erfolgte.

*) Die auf dieser und einigen der folgenden Karten mit vollerer Farbe bedeckten Striche Schlesiens bezeichnen die noch in den Händen von Theilfürsten befindlichen Theile des Herzogthums.

1*

6

No. 13.

Das Königreich Polen nebst dem westlichen Russland im Jahre 1772, mit Angabe der Theilungslinien der Jahre 1772, 1793 und 1795.

Die unglückseligen inneren Zustände des einst so mächtigen und von seinen Nachbarn gefürchteten Königreichs Polen führen im Jahre 1772 zu seiner ersten Theilung zwischen den benachbarten Reichen Russland, Oesterreich und Preussen. Die darauf folgenden Theilungen vom Jahre 1793 zwischen Russland und Preussen und vom Jahre 1795 zwischen eben diesen Staaten und Oesterreich vollendete den Untergang der „Republik". Von den drei Theilungsmächten hat Russland den grössten, Oesterreich den bevölkertsten, Preussen aber vielleicht den für dasselbe unentbehrlichsten Theil davongetragen, da durch das neuerworbene Westpreussen die so wünschenswerthe territoriale Verbindung Ostpreussens mit der westlichen Hauptmasse der Monarchie hergestellt ist.

No. 14.

Deutschland beim Ausbruch der französischen Revolution im Jahre 1789.

Die Karte zeigt uns den territorialen Zustand Deutschlands, wie er sich durch die vielen Jahrhunderte des späteren Mittelalters und der neueren Zeit hindurch herausgebildet hat und wie er bald darauf durch die in Folge der französischen Revolution hereinbrechenden Stürme in einer Weise umgestaltet werden sollte, wie dies durchgreifender seit der Auflösung der Gauverfassung nicht geschehen war.

Die Vergrösserung des preussischen Staates innerhalb Deutschlands ist nach der Erwerbung von Lingen, Tecklenburg und Moers zu Anfang des Jahrhunderts auch unter Friedrich II. durch diejenige Ostfrieslands und eines Theiles der Grafschaft Mansfeld stetig fortgeschritten. Von viel grösserer Bedeutung freilich und Preussen zur Grossmachtstellung verhelfend ist — abgesehen von der schon erwähnten Erwerbung polnischer Landestheile — die Eroberung Schlesiens. Durch den Breslauer Friedensschluss vom Jahre 1742 geht Schlesien als souveränes Herzogthum in den Besitz Friedrichs des Grossen über; indem es aufhört, ein böhmisches Kronland zu sein, scheidet es auch aus der bisherigen mittelbaren Verbindung mit dem deutschen Reiche aus und nimmt fortan zu demselben dieselbe Stellung ein, die schon vorher das souveräne Herzogthum und spätere Königreich (Ost-) Preussen inne hatte. — Im Uebrigen ist besonders der grosse vereinigte Länderbesitz des wittelsbachischen Hauses bemerkenswerth, indem durch das Aussterben der bairischen Linie desselben Baiern, dessen Kurwürde nach den Bestimmungen des westfälischen Friedens nun wieder auf die Pfalz übergeht, freilich ohne das an Oesterreich abgetretene Innviertel, dem Kurfürsten von der Pfalz zufällt. Die wittelsbachische Linie Pfalz-Zweibrücken sollte bald darauf, nach dem Abgehen der kurpfälzischen Linie, das gesammte Erbe in ihre Hand vereinigen.

No. 15.

Deutschland nach der Auflösung des deutschen Reiches im Jahre 1806.

Der politische Zustand Deutschlands und der angrenzenden Länder, wie er auf diesem Blatte dargestellt wird, ist das Ergebniss zahlreicher seit dem Beginn der französischen Revolution eingetretener Veränderungen, besonders derjenigen, die sich durch den Vollzug des Friedens von Lunéville im Jahre 1801 den Reichsdeputationshauptschluss vom Jahre 1803 und die Stiftung des Rheinbundes im Jahre 1806 ergaben.

Das tausendjährige deutsche Reich ist in Trümmer gegangen, dafür haben sich Frankreich und Oesterreich zu erblichen Kaiserreichen erklärt. Die Republik Venedig ist verschwunden und der grössere Theil ihres Gebietes nach kurzer Zugehörigkeit zu Oesterreich in dem neuen napoleonischen Königreiche Italien aufgegangen. Die um Genf, Wallis und das Veltlin verkürzte Bundesrepublik der Schweiz ist zur einheitlichen helvetischen Republik umgeschaffen und die ehemalige Republik der vereinigten Niederlande zeigt sich uns verkleinert als napoleonisches Königreich Holland. Frankreich, die Urheberin aller dieser Veränderungen, ist seit dem Frieden von Lunéville im Besitze der lang ersehnten Rheingrenze, aber schon hat es seinen Einfluss durch Gründung des Rheinbundes auf einen grossen Theil des südlichen und westlichen Deutschlands ausgedehnt. Den Staaten dieses Rheinbundes, den süddeutschen, sind zahlreiche vorher selbständige Territorien zum Opfer gefallen, und zwar auf keinem andern Wege als auf dem der Anwendung nackter Gewalt. Dagegen zeigen sich in Norddeutschland noch wesentlich dieselben Besitzverhältnisse, wie sie aus dem Reichsdeputationshauptschluss von 1803 hervorgegangen sind, nur der Kurfürstenthum Hannover jetzt zu Preussen gehört. Die Ausdehnung dieses Staates, wie sie die Karte zeigt, ist diejenige, welche die Monarchie Friedrich Wilhelms III. unmittelbar vor dem grossen Zusammenbruch auf den Schlachtfeldern von Jena und Auerstedt erreicht hat.

No. 16.

Mittel-Europa zur Zeit der höchsten Machtentfaltung Frankreichs im Jahre 1812.*)

Die „natürlichen" Grenzen Frankreichs bilden nicht Rheinstrom und Alpen, sondern sie werden willkürlich nach der jeweiligen französischen Machtentwicklung bestimmt; das beweist die politische Gestaltung Europas im Jahre 1812. Auf die grossartigste Weise hat Frankreich seine Macht entfaltet. Das französische Reich selbst erstreckt sich im Norden bis an die Ostsee, im Süden bis zum Garigliano, ausserdem ist es im Besitze der sogenannten illyrischen Provinzen; durch Personalunion mit dem Kaiserreiche ist das Königreich Italien verbunden. Dazu sitzen Napoleoniden auf den Thronen von Spanien, Neapel, Westfalen und Berg. Der Franzosenkaiser ist Protector der Schweiz

*) Das Gebiet der Republik Danzig wird auf den meisten historischen Karten fälschlich in der Form der polnischen Enclave von 1772 bis 1793 wiedergegeben. Nach Artikel 19 des Tilsiter Vertrages jedoch wurde dem Freistaate nur ein Gebiet von zwei Stunden Weges Halbmesser um die Ringmauer zugestanden, was später insofern erweitert wurde, als man den Territorium von zwei Stunden Weges Halbmesser von den äussersten Punkten ihrer Festungswerke zeigte. Das Gebiet der Republik war demnach, wie es hier auf der Karte angegeben ist, kreisrund.

und des Rheinbundes, der das ganze noch übrige Deutschland ausser Oesterreich und Preussen umfasst. Diesem übermächtigen Frankreich gegenüber stehen ein durch grosse Länderverluste geschwächtes Oesterreich und das verkleinerte misshandelte durch den Rheinbund und das mit Sachsen in Personalunion verknüpfte Herzogthum Warschau eingeschnürte Preussen. — Die Befreiung Deutschlands von französischer Knechtschaft im Jahre 1813 erfolgt nicht durch Deutschland selbst, sondern sie wird gegen die Heere Frankreichs und des Rheinbundes erkämpft vorzugsweise mit preussischem und russischem Blute und mit englischem Gelde.

Grossmächte Oesterreich und Preussen innerhalb derselben führt 1866 aus Veranlassung der schleswig-holsteinischen Ereignisse zum Kriege und zur Sprengung des Bundes. — Auch die das übrige Europa betreffenden Beschlüsse und Abmachungen des Wiener Congresses sind bereits nach wenigen Jahrzehnden durchbrochen; so zerfällt schon im Anfange der dreissiger Jahre das Königreich der Niederlande, von dem sich Belgien absondert, während Polen in Folge des Aufstandes von 1830 dem russischen Kaiserreiche vollständig einverleibt wird. In Italien gehen Ende der fünfziger und Anfang der sechziger Jahre die grossen Veränderungen vor sich, die die Abtretung Savoiens an Frankreich, diejenige der Lombardei an Sardinien und die Gründung des neuen Königreichs Italien zur Folge haben.

No. 17.

Deutschland zur Zeit des deutschen Bundes 1815—1866.

Der lose deutsche Bund von 1815, das Werk des Wiener Congresses, dem man eine lange Lebensdauer zu geben geglaubt hatte, führt doch nur ein halbes Jahrhundert ein siechcs Leben. Preussen, für den Verlust des grössten Theiles seiner polnischen Provinzen zwar durch die Hälfte von Sachsen und die Rheinlande entschädigt, aber in zwei ungleiche Hälften auseinandergerissen und mit für die Dauer unmöglichen Grenzen ausgestattet, erstrebt eine festere Gestaltung des Bundes; der Gegensatz der beiden

No. 18.

Mittel-Europa nach der Wiederaufrichtung des deutschen Kaiserreiches im Jahre 1871.

Mittel-Europa und besonders Deutschland sind bei der Darstellung, wie sie der Atlas giebt, vorzugsweise berücksichtigt worden. Dieses Blatt zeigt den vorläufigen Abschluss einer funfzehnhundertjährigen und für Deutschland so ehrenvoll endenden Entwickelung; obwohl den territorialen Besitzstand der Gegenwart zur Darstellung bringend, konnte doch von diesem Gesichtspunkte aus die Karte principiell nicht fehlen.

Zur Aussprache der Fremdnamen:

Magyarisch	x	xz	cs	s	cs (ts)	cz	—	sy	y	v	—	—
Südslavisch	z	s	ï (s)	š	č	c	ç	—	j	v	—	—
Polnisch (auch für Westrussland)	z	s	ď	sz	cz	c	—	—	j	w	ś	ż
Im Deutschen zu sprechen wie . .	s	sz	sh (')	sch	tsch	tz	tz	dj	j	w	on	en

(') bezeichnet den weichen sch-Laut des französischen J (ebenso zu sprechen im polnischen rz).

c bezeichnet den arabischen leisen Kehlhauch Ain.

dj = dsch.

Abkürzungen.

A. Abtei.
B. Bisthum.
ERZB. Erzbisthum.
ERZHZ. Erzherzogthum.
F. Fürstenthum.
FREIGR. Freigrafschaft.
GEF. GR. Gefürstete Grafschaft.
GVT. Gouvernement.
GR. Grafschaft.

GRF. Grossfürstenthum.
GROSSHZ. Grossherzogthum.
H. Herrschaft.
HZ. Herzogthum.
KGR. Königreich.
KURF. Kurfürstenthum.
LD. Land.
LDV. Landvogtei.
LGR. Landgrafschaft.

MGR. Markgrafschaft.
PFALZGR. Pfalzgrafschaft.
PR. Probstei.
PROV. Provinz.
REP. Republik.
VGR. Vicegrafschaft (Vicomté).
WDSCH. Woiwodschaft.

Berichtigung einiger auf den Karten vorkommender Versehen.

No. 1. (Nebenkarte). Die Stadt Augusta ist zu Burgund zu ziehen.

No. 2. Der Ort Wistrachi ist zu Böhmen zu ziehen (gehört damals noch nicht zu Mähren).

Die Grafschaft Macon (Masascona) an der Saone gehört noch zu Burgund.

No. 3. }
No. 4. } Statt Ht. Gr. Bretagne zu setzen.

No. 6. Die Herrschaft Mitterburg in Istrien gehört seit 1374 zu Oesterreich.

No. 8. Die Farbe von Aragonien ist nach aussen mit um Navarra herumzuziehen, da dieses Königreich mit Aragonien 1477 durch Personalunion verbunden ist.

No. 10a. Die hessische Herrschaft Schmalkalden ist zum fränkischen Kreise zu ziehen.

Die Herrschaft Pinneberg in Holstein ist als nicht eingekreistes Gebiet weiss zu lassen.

No. 10b. Die Städte Bederkesa und Lehe gehören 1556 zur Reichstadt nicht zum Erzstift Bremen (wie auf No. 11).

No. 10b. Die Herrschaft Rothenberg bei Nürnberg ist erst seit 1664 oberpfälzisch.

Die Landvogtei Hagenau ist bis 1558 an Kurpfalz verpfändet.

No. 11. Blekinge und Schonen gehören 1648 noch zu Dänemark (erst seit 1658 schwedisch).

Die Stadt Friesoythe ist anstatt zu Oldenburg zu Münster zu ziehen.

No. 12. Die Insel Menorca ist mit der englischen Farbe zu bedecken.

No. 14. Die Stadt Bialystok ist zur Wdsch. Podlachien zu ziehen.

No. 16. Stadt und Canton Montbéliard gehören bis 1815 zum Departement Haut Rhin.

Stadt und Canton Bouillon sind (wie auf No. 15) zum Departement der Ardennen zu ziehen.

No. 17. Die beste Zinnobergrenze muss bei Maastricht rechts der Maas hinlaufen, so dass diese Stadt als nicht zum deutschen Bunde gehörig ausserhalb derselben liegen bleibt.

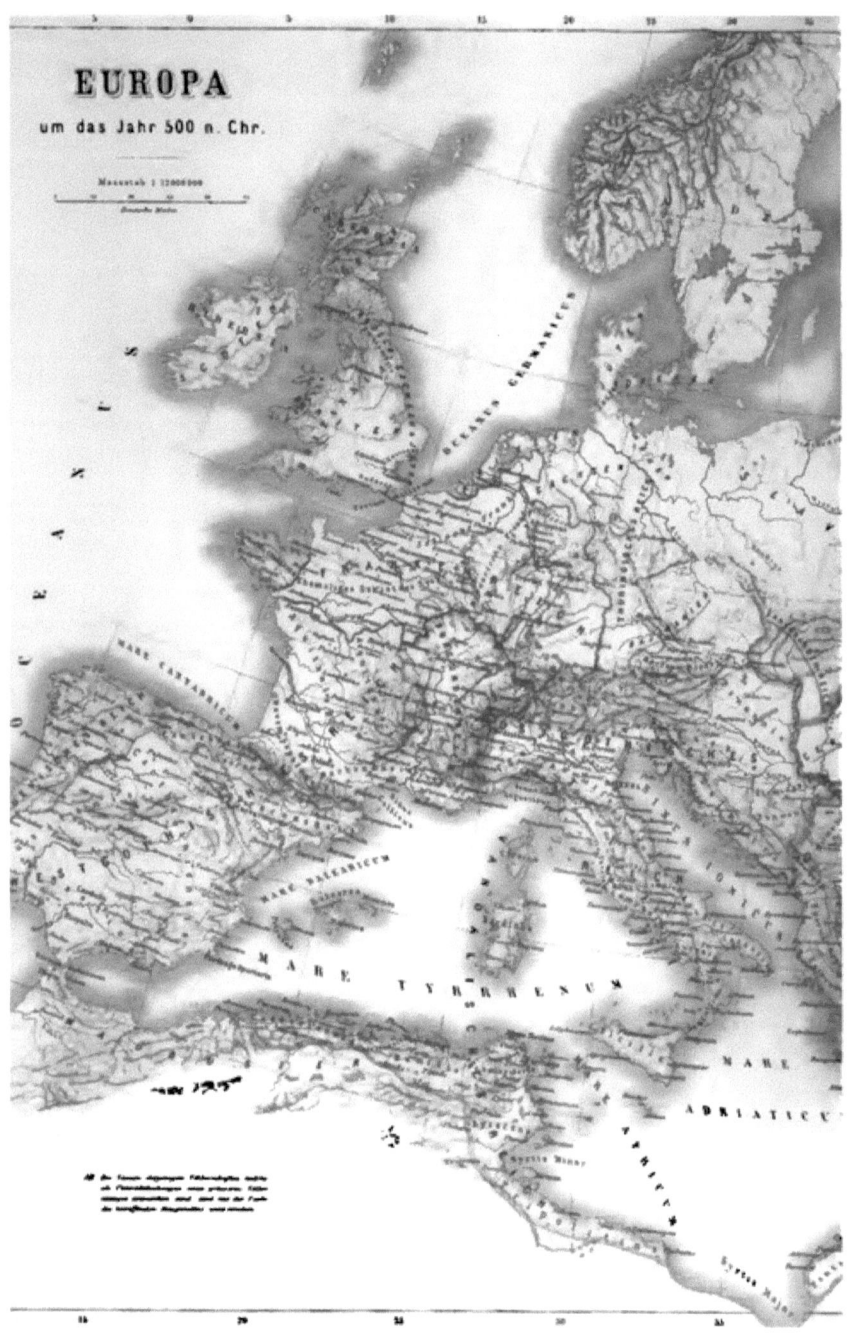

EUROPA

um das Jahr 500 n. Chr.

SÜD-UND WESTEUROPA

nach der Theilung

des fränkischen Kaiserreiches

zu Virodunum im Jahre 843

EUROPA

im Jahre 1150

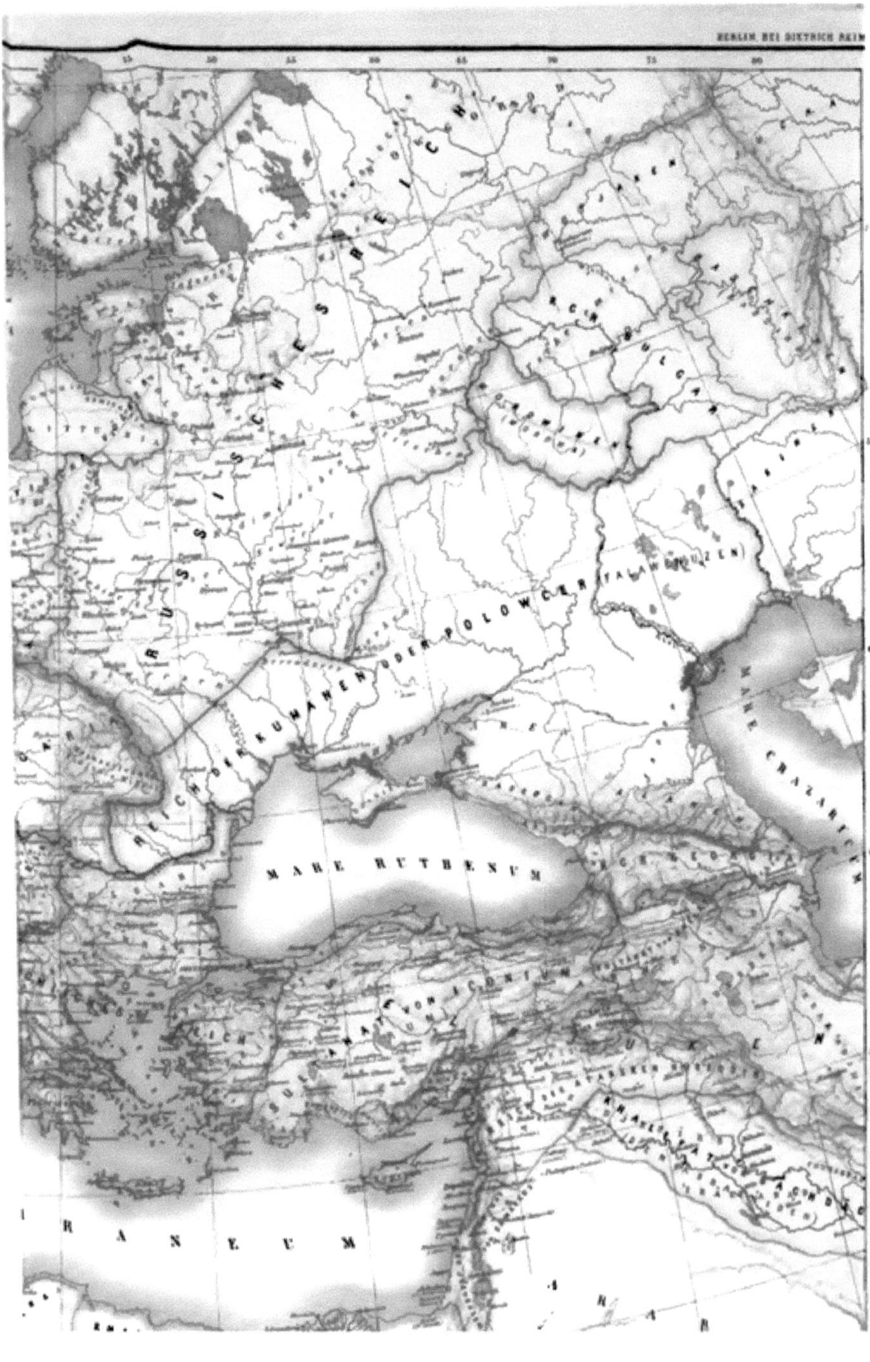

BERLIN, BEI DIETRICH REIM
RUSSISCHES REICH
REICH DER KUMANEN ODER POLOWCER (FALWEN, UZEN)
MARE RUTHENUM
MARE CHAZARICUM
SULTANAT VON ICONIUM
R A N E U M

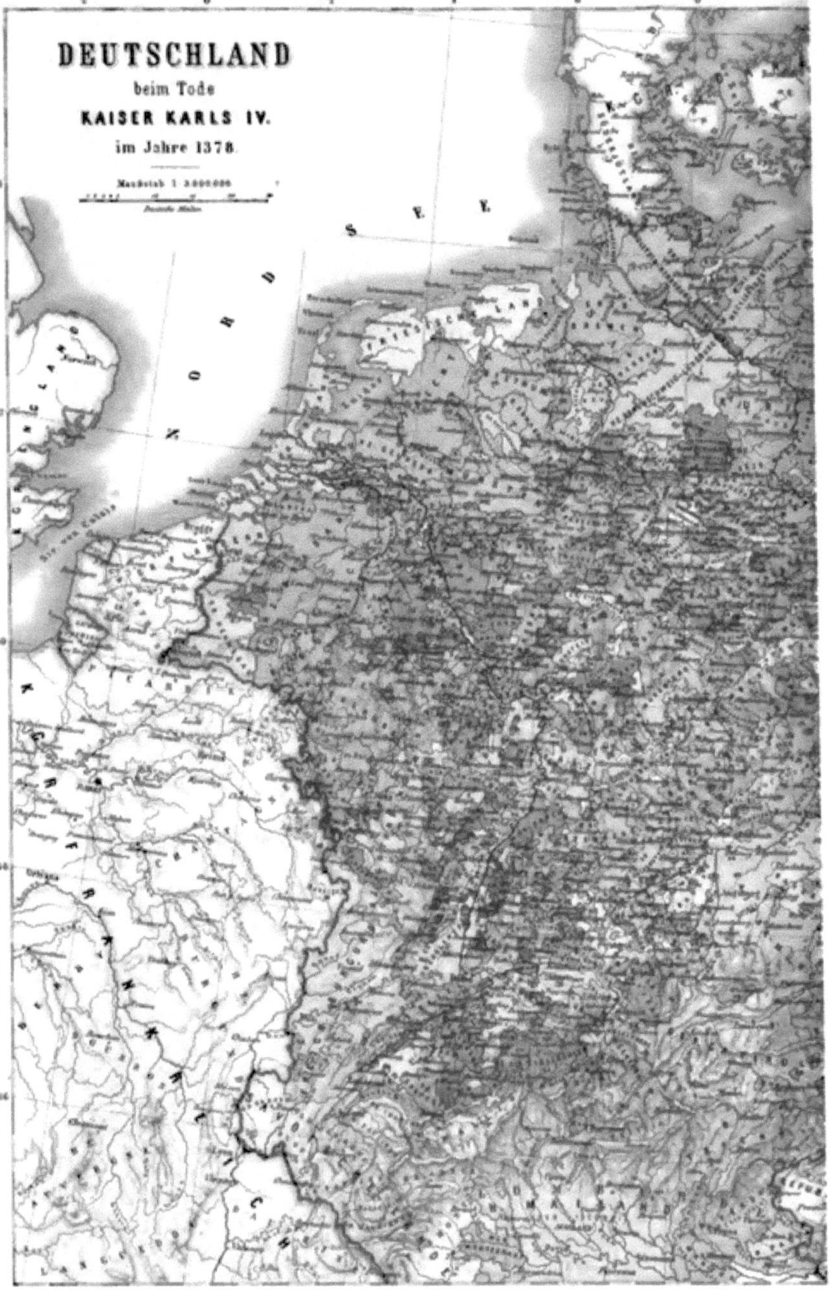

DEUTSCHLAND

beim Tode

KAISER KARLS IV.

im Jahre 1378.

Maszstab 1 : 3.000.000

Deutsche Meilen

NORD SEE.

DEUTSCHLAND

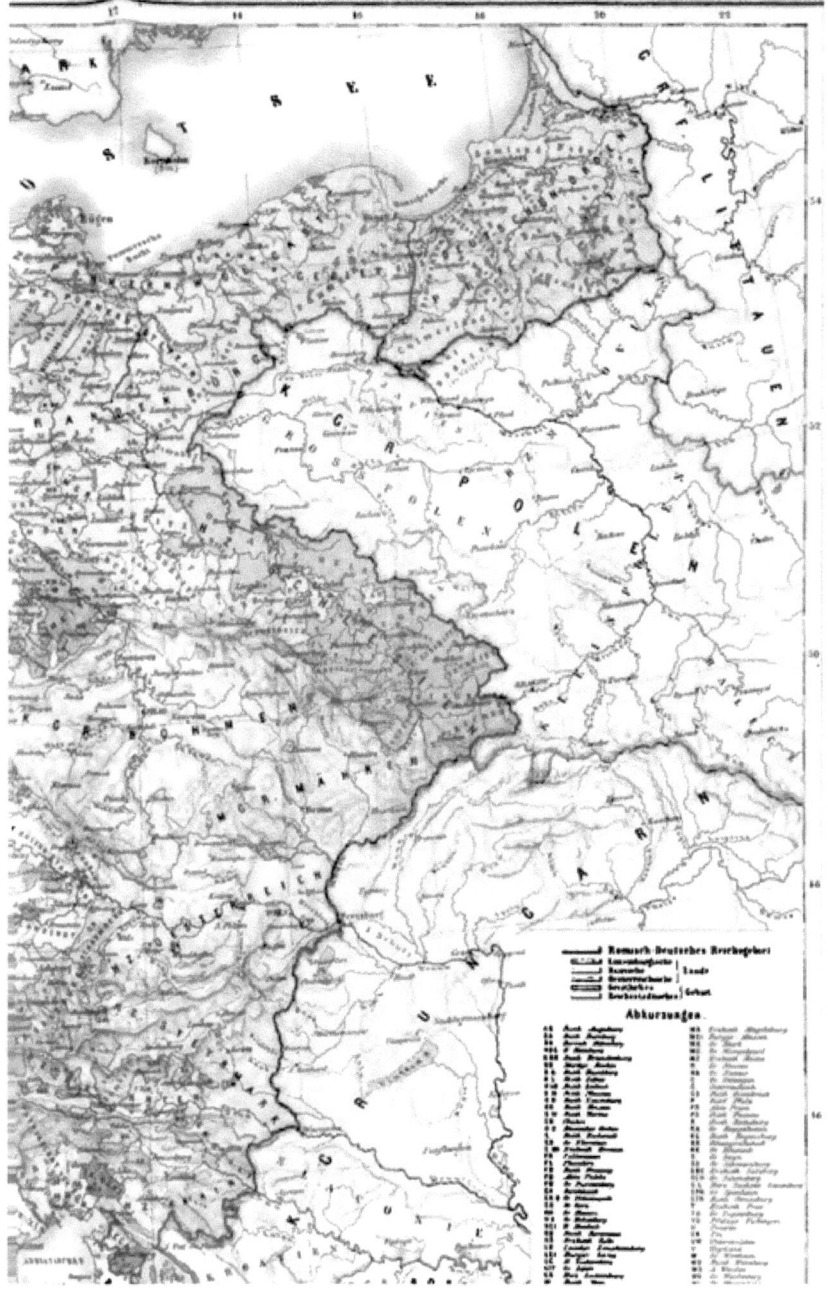
BERLIN, BEI DIETRICH REIMER.

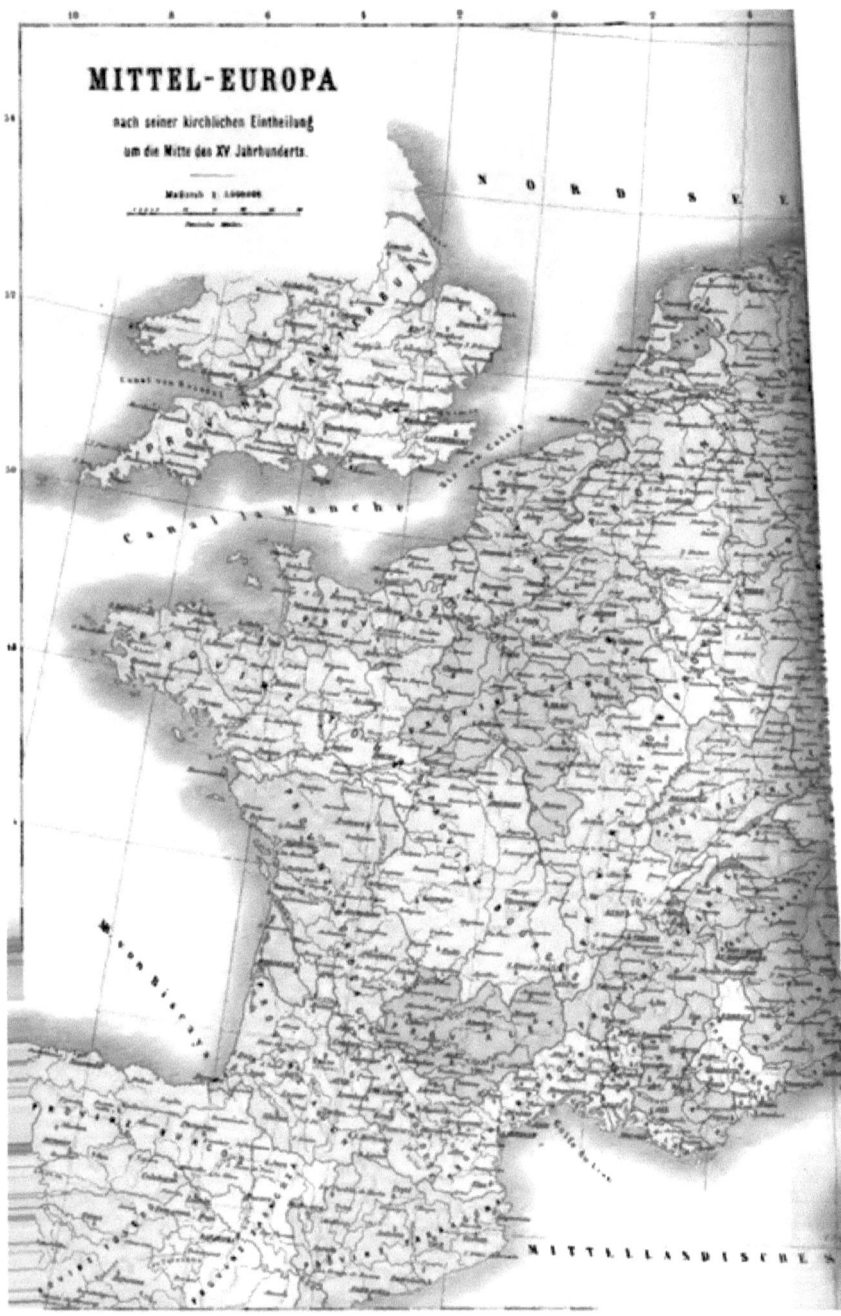

MITTEL-EUROPA

nach seiner kirchlichen Eintheilung

um die Mitte des XV Jahrhunderts.

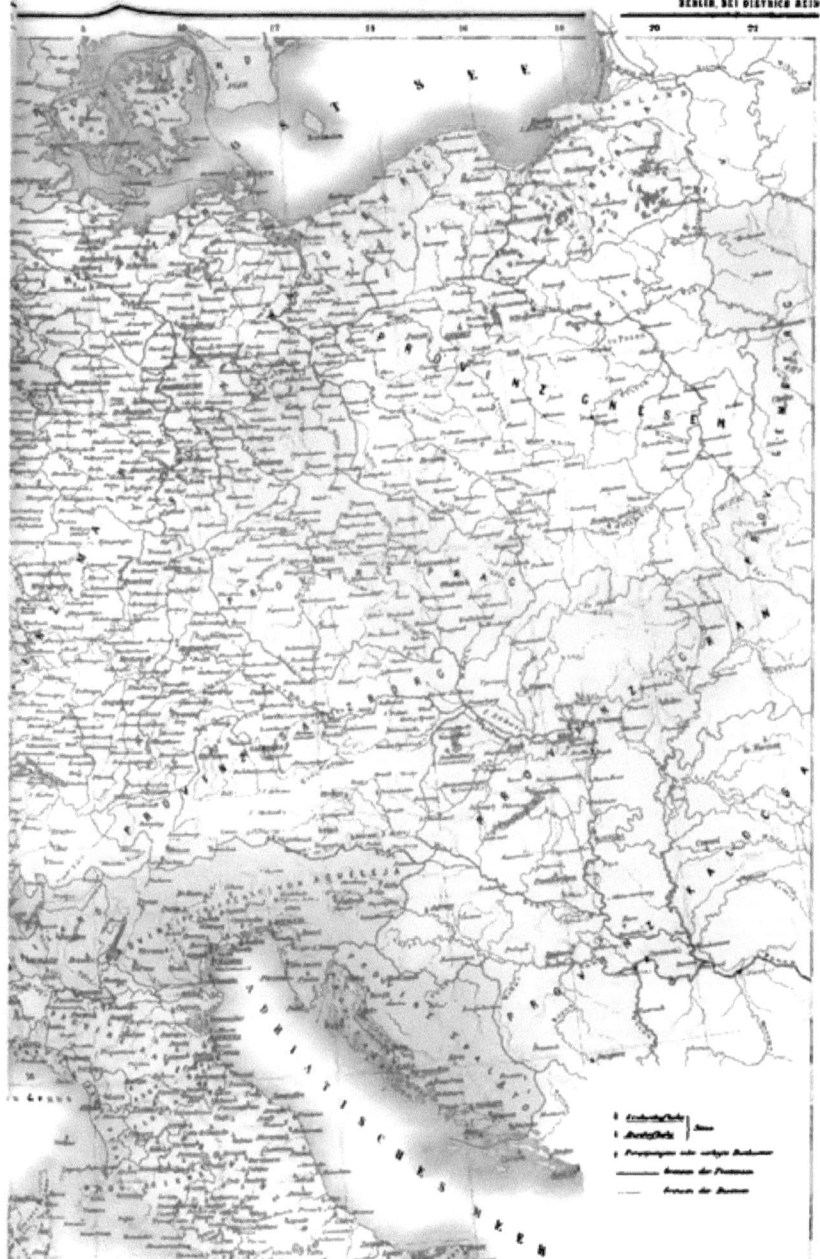

-UND WESTEUROPA

im Tode Karls des Kühnen

im Jahre 1477.

Maßstab 1: 4500000

Deutsche Meilen

DEUTSCHES MEER

(NORDSEE)

Irische See

S. Georgs Canal

Canal la Manche

Mb von Biscaya

EUROPA

im Jahre 1519.

Maßstab 1: 12000000

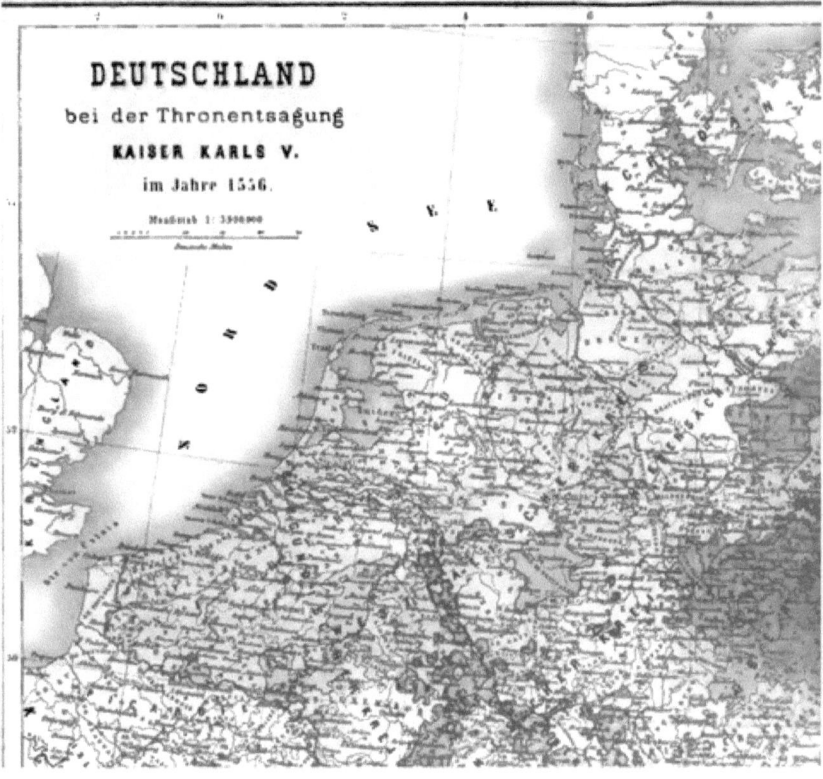

DEUTSCHLAND

bei der Thronentsagung

KAISER KARLS V.

im Jahre 1556.

Maassstab 1: 3500000

Deutsche Meilen

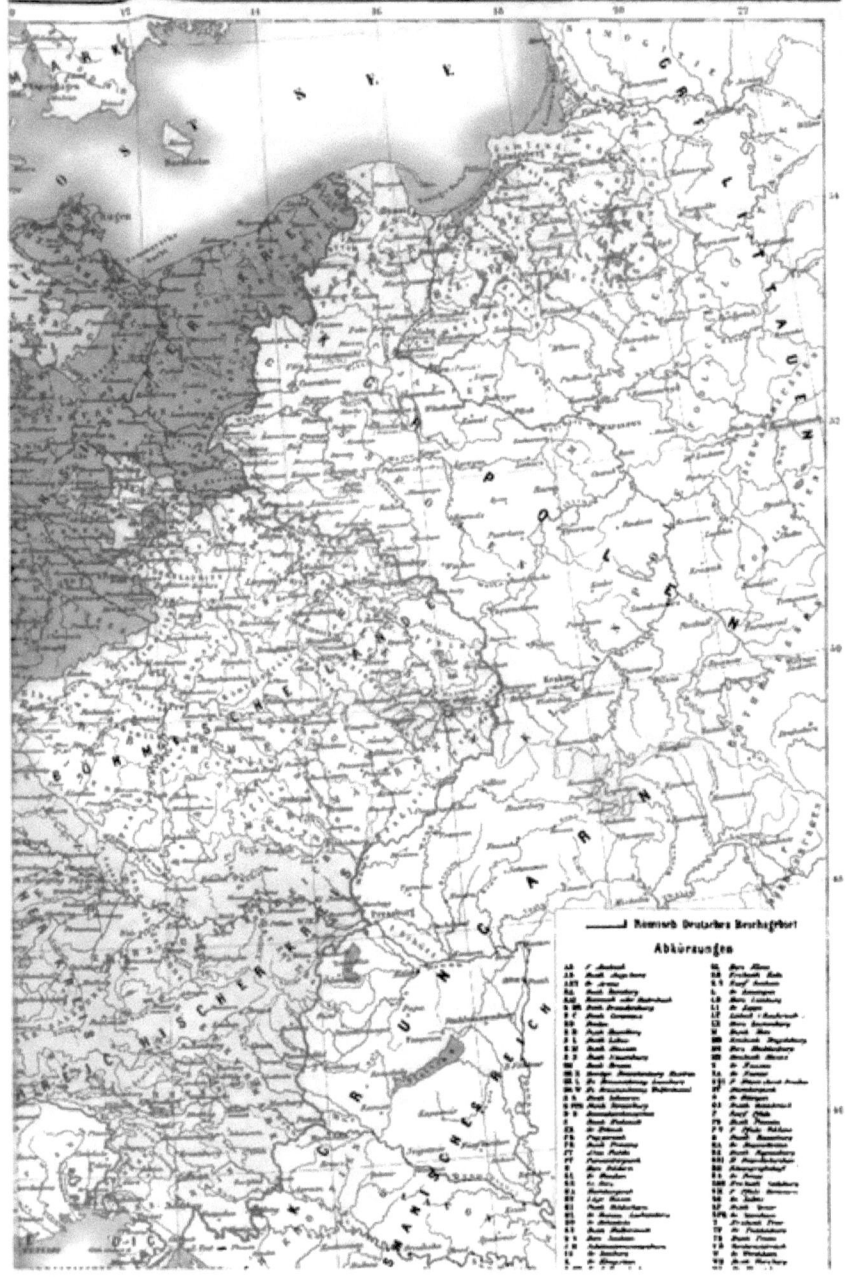

Römisch Deutsches Reichsgebiet

Abkürzungen

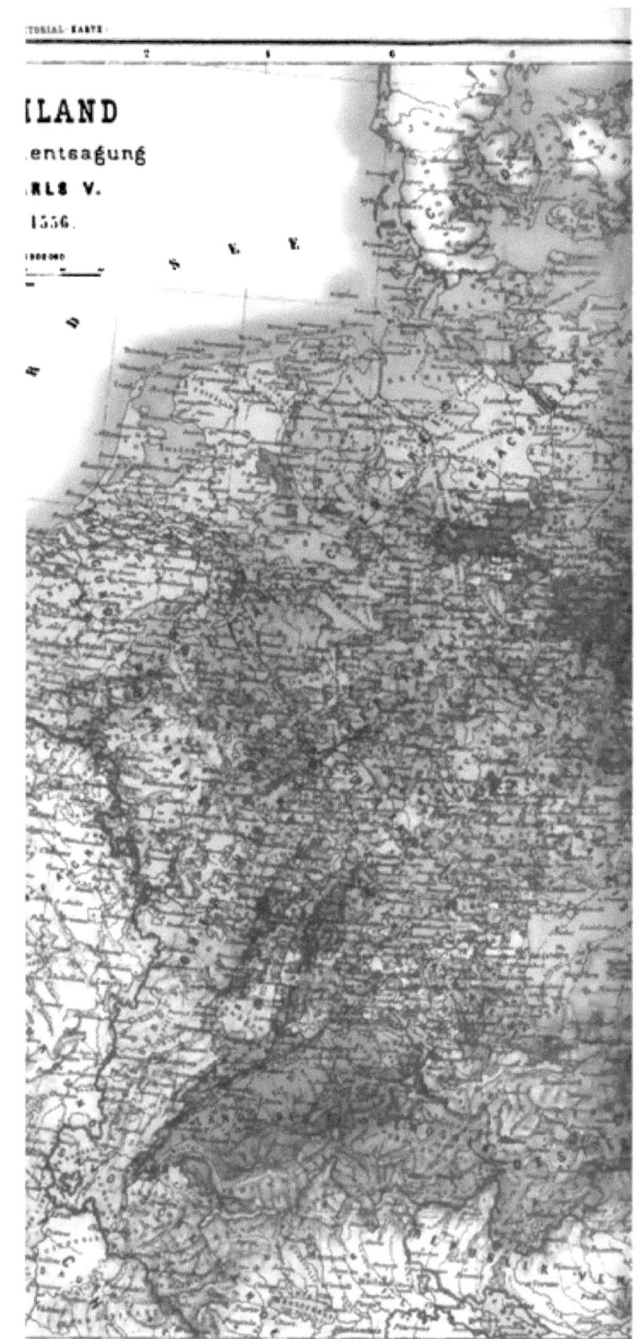

ILAND

.entsagung

.RLS V.

1556.

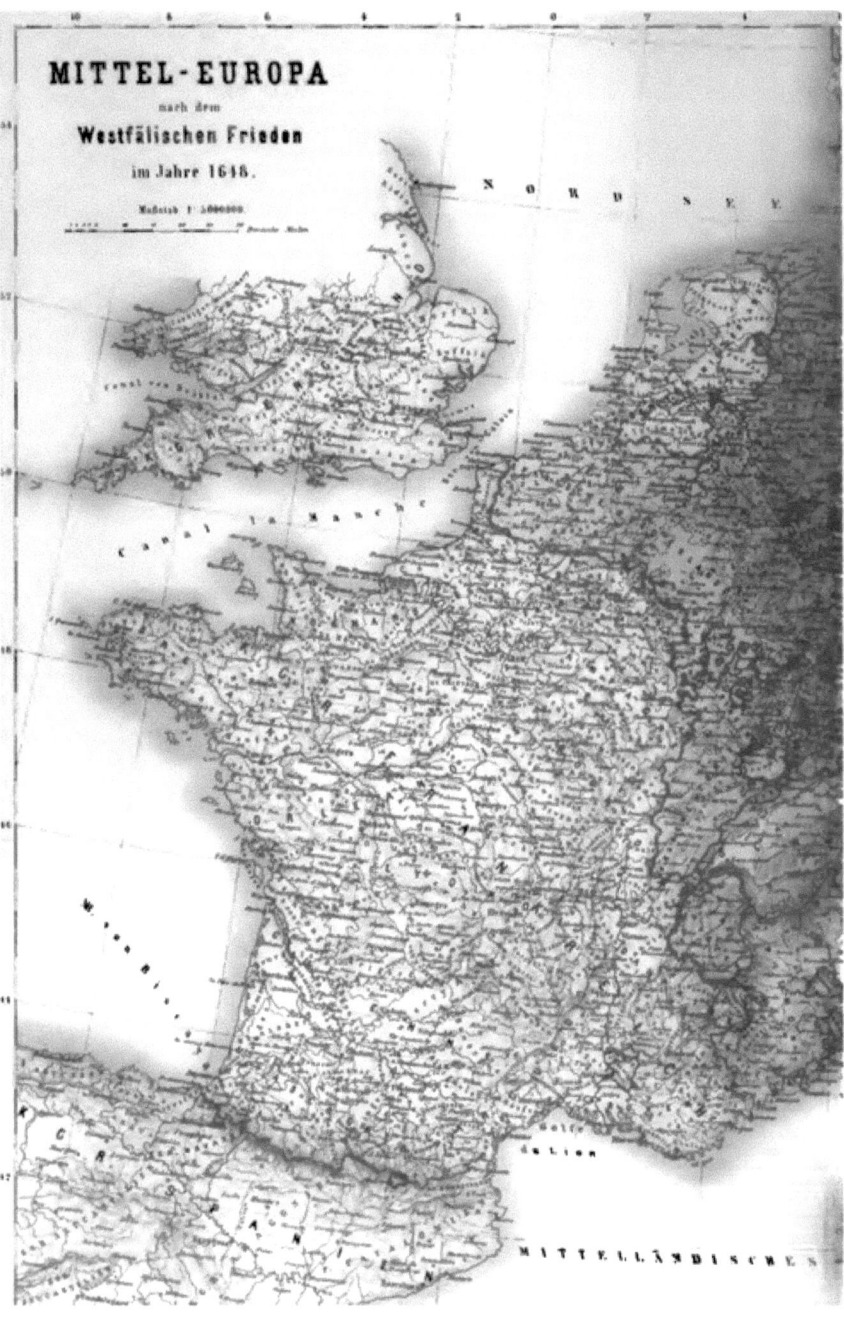

MITTEL-EUROPA

nach dem

Westfälischen Frieden

im Jahre 1648.

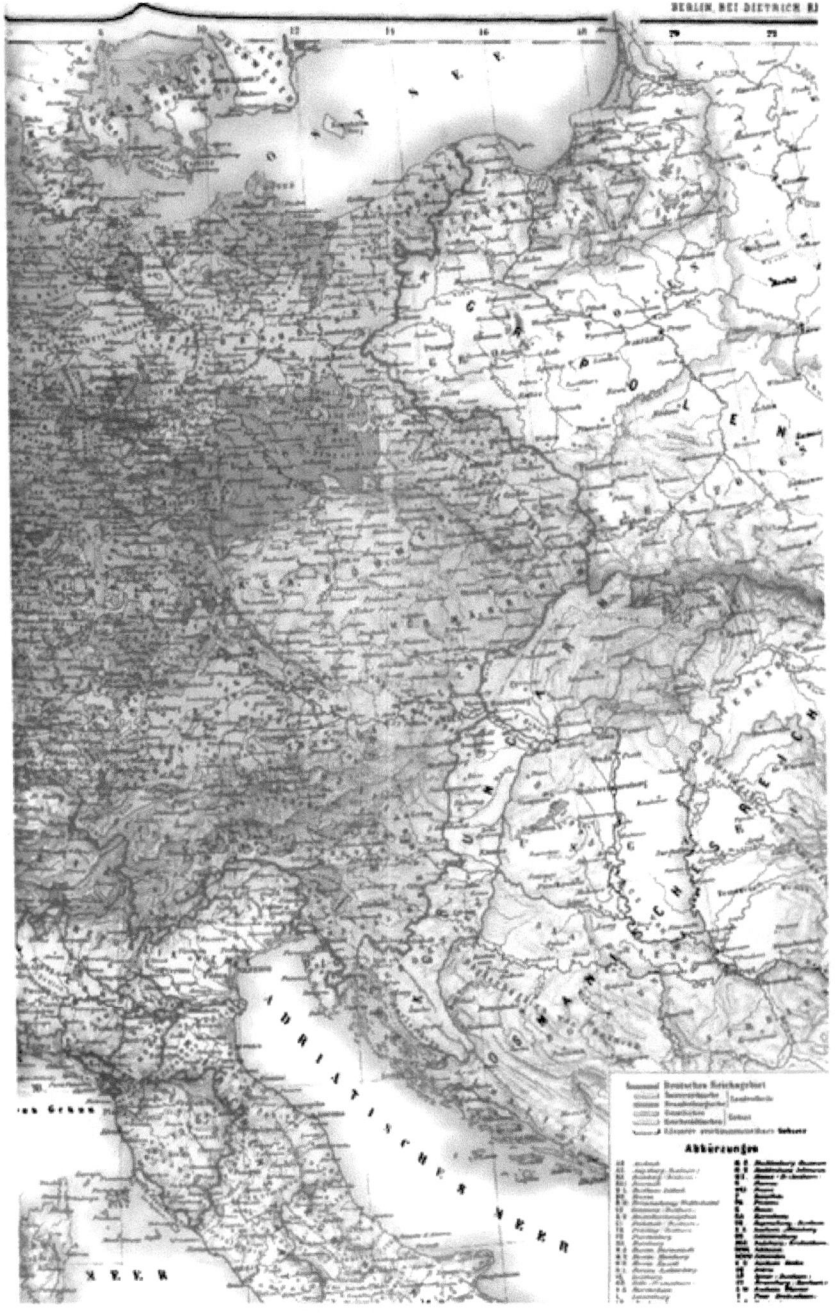

Deutsches Reichsgebiet

Abkürzungen

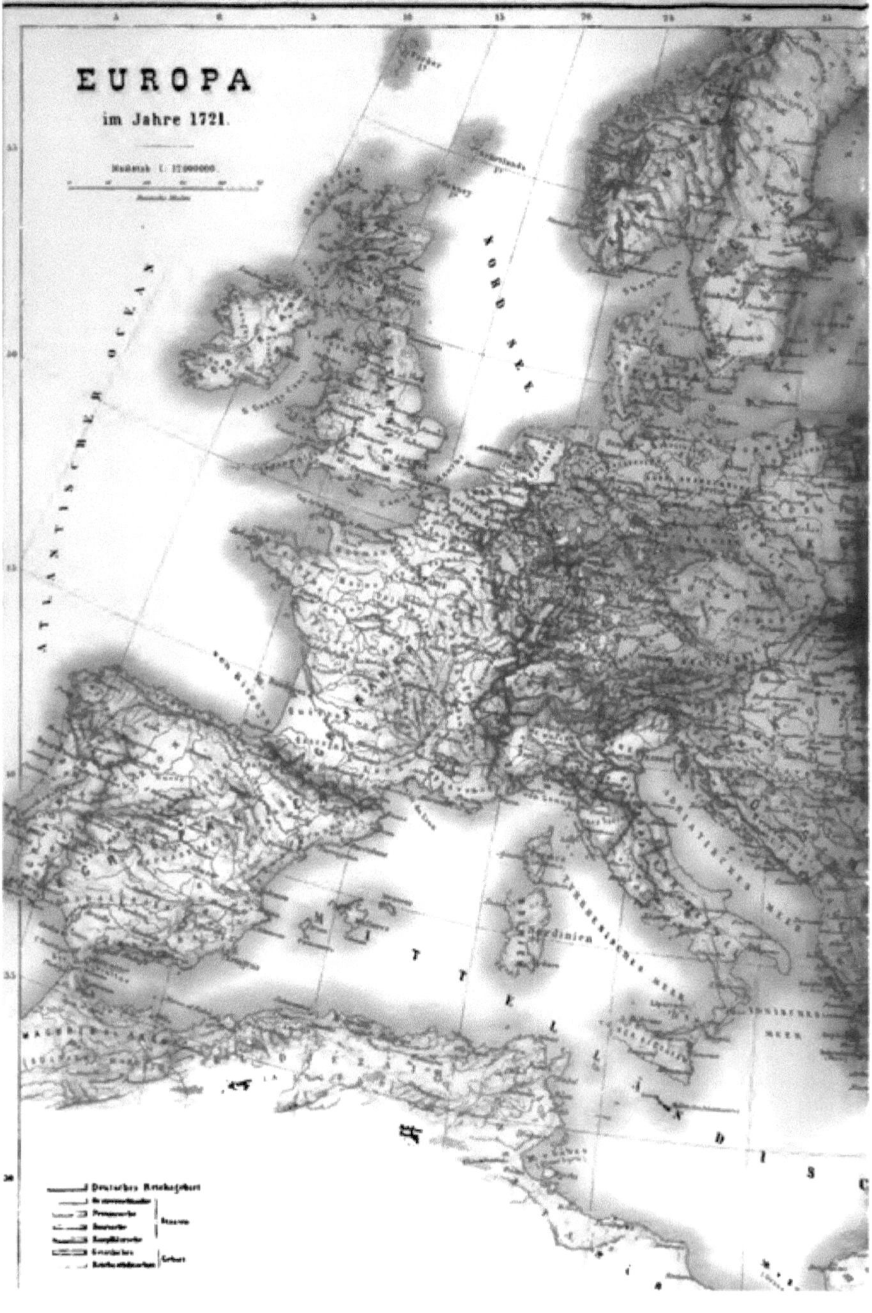

EUROPA

im Jahre 1721.

Maßstab 1: 12000000.

Deutsche Meilen

ATLANTISCHER OCEAN

NORD SEE

MITTELLÄNDISCHES MEER

ADRIATISCHES MEER

Sardinien

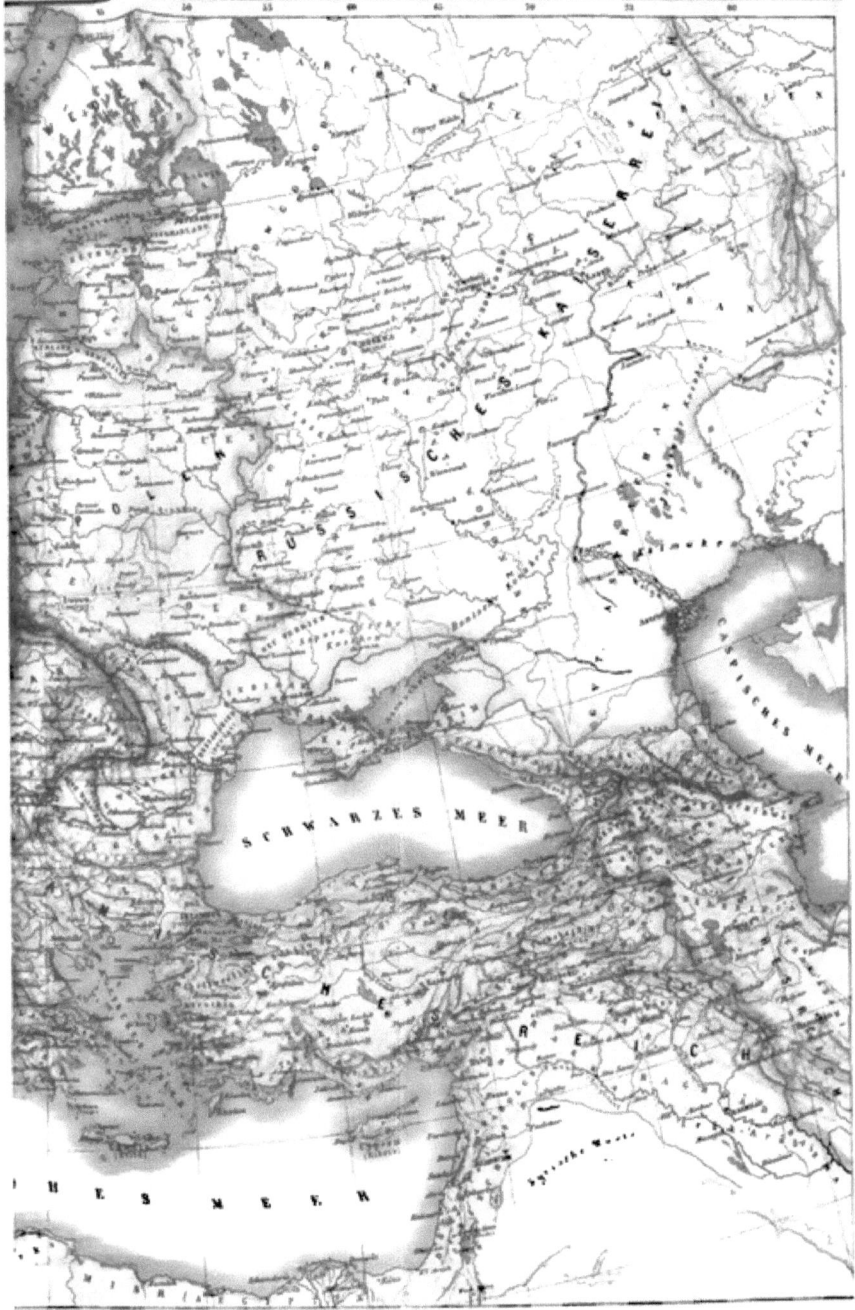

SCHWARZES MEER

CASPISCHES MEER

DAS KÖNIGREICH POLEN
nebst dem westlichen Russland

im Jahre 1772

mit Angabe der Theilungslinien der Jahre

1772, 1793 und 1795.

Maaßstab 1:4400000

/

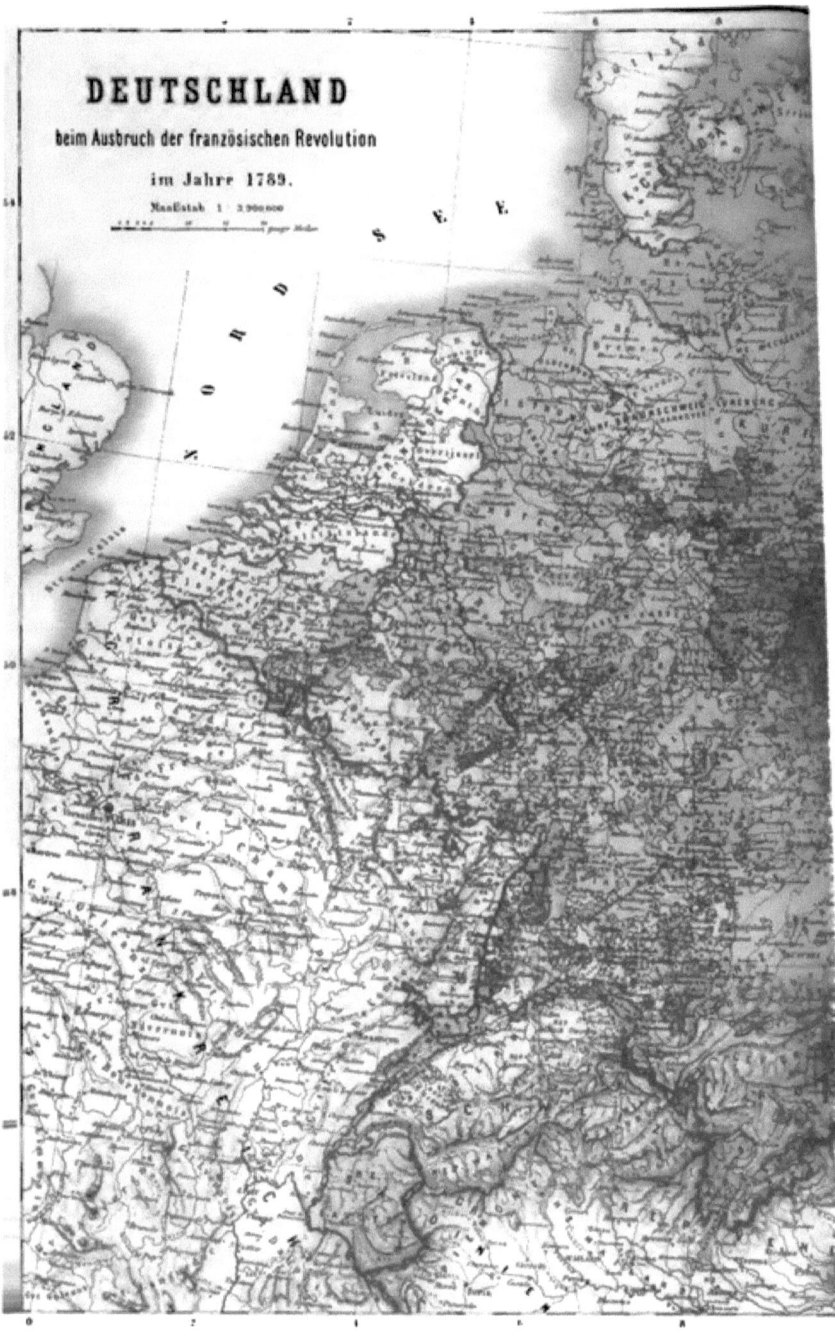

DEUTSCHLAND

beim Ausbruch der französischen Revolution

im Jahre 1789.

Maaßstab 1 : 3.900.000

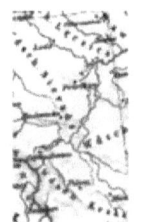

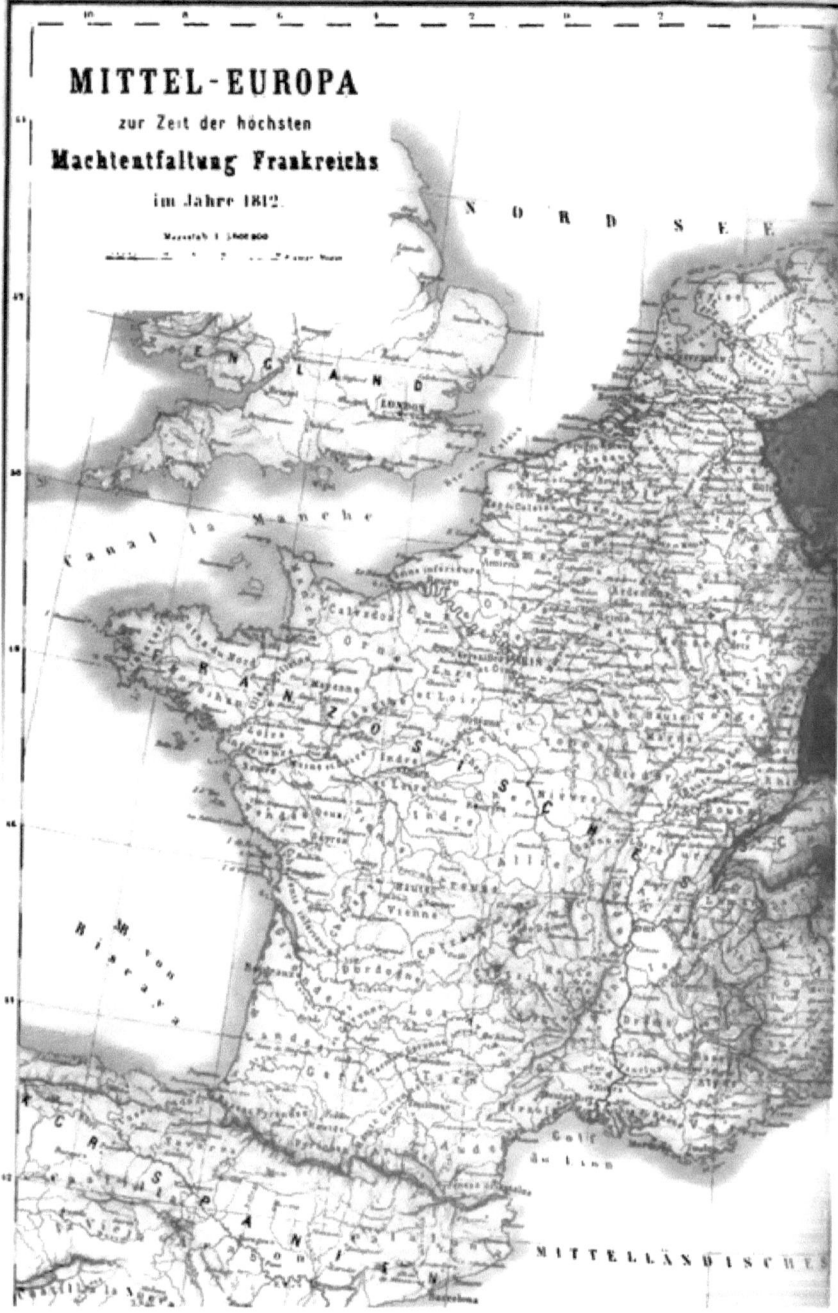

MITTEL-EUROPA
zur Zeit der höchsten
Machtentfaltung Frankreichs
im Jahre 1812.

Maszstab 1 : 3600000

DEUTSCHLAND

zur Zeit des deutschen Bundes

1815-1866.

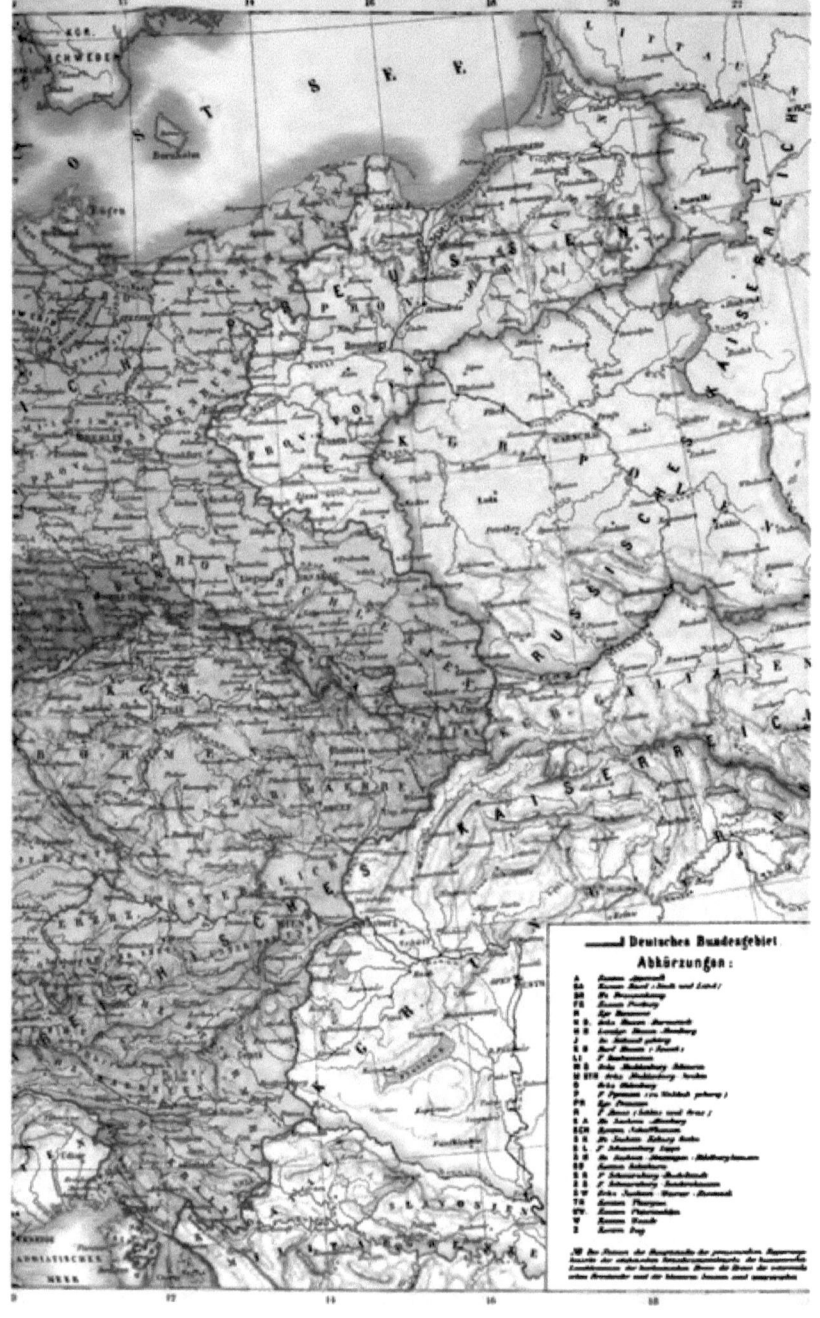

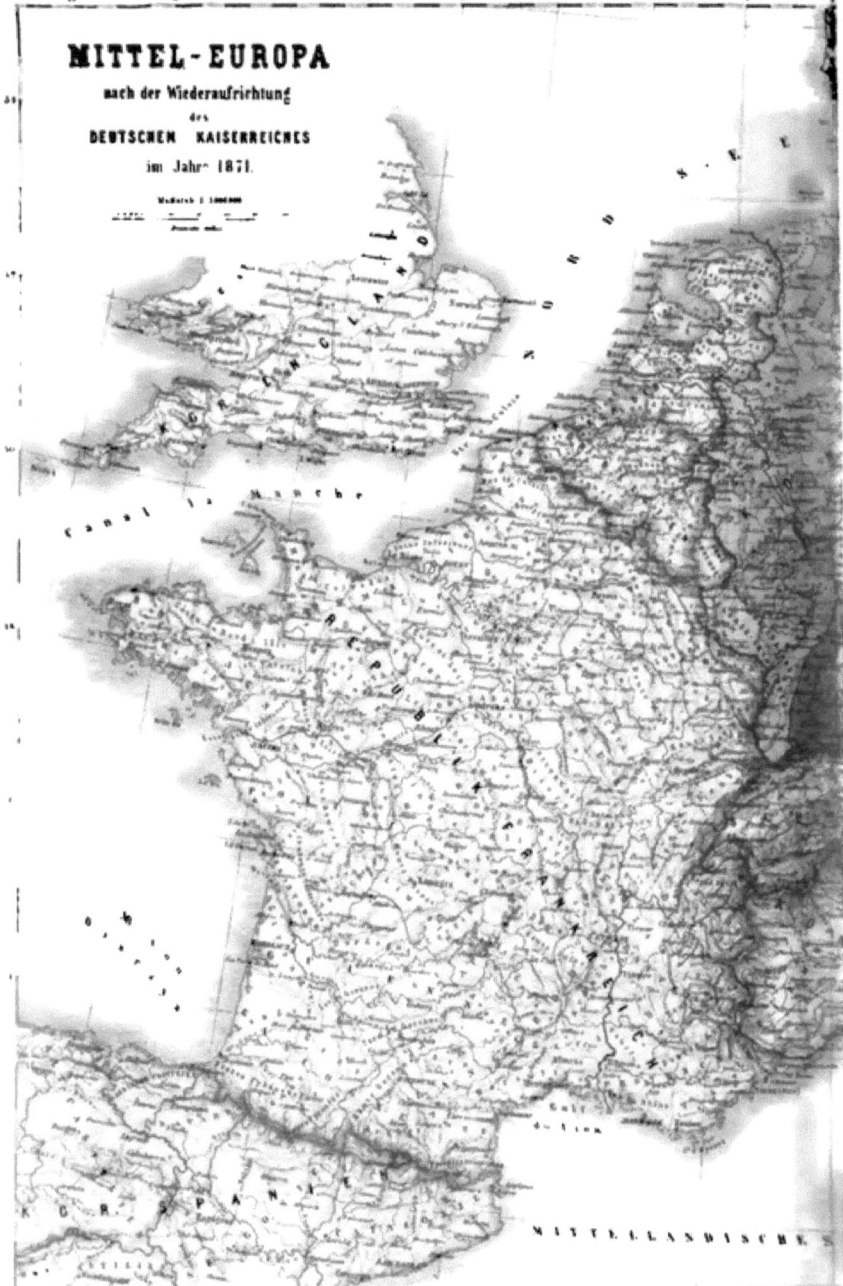

Deutsches Reichsgebiet

Abkürzungen.